bäll-
chen

bäll-chen

Das kugelige Kochbuch – Internationale Gerichte für alles, was rund ist.

lyndey milan & loukie werle

fotos von joe filshie

nicolai

Inhalt

Einleitung 7

Bällchen auf einen Biss 8

Mini-Bocconcini mit Prosciutto • 10
Dim Sum • 12
Meeresfrucht-Nudel-Bällchen • 14
Kapern im Biermantel • 16
Frittierte grüne Oliven • 17
Falafel • 18
Wachteleier im Gewürzmantel • 19
Tatarbällchen mit Schnittlauch • 20
Litschis mit Korianderhuhn-Füllung • 22
Fischbällchen mit Zitronengras • 25
Kartoffel-Tunfisch-Frikadellen • 26
Mini-Champignons mit Tempura • 27
Kleine runde Sandwiches mit Zwiebeln, Petersilie und Mayonnaise • 28
Ricotta-Bällchen • 29
Gougère• 30
Thailändische Bällchen • 32
Gewürzte Macadamia-Nüsse • 34

Bällchen als Vorspeise 36

Gnocchi mit Petersilien-Pesto und dicken Bohnen • 38
Labna • 40
Lachstatar mit Lachskaviar und Zitronengrasmayonnaise • 43
Dalkroketten mit Safran-Aioli • 44
Garnelen-Quenelles mit Garnelensauce • 46
Hühnerbrust im Salatmantel • 48
Krabbenküchlein • 50
Ricotta-Spinat-Klößchen mit Salbei und Parmesan • 52
Risottobällchen oder Arancini • 54
Kichererbsen-Nudel-Eintopf • 56
Chicoréesuppe mit Kalbfleischbällchen und Pecorino • 60
Feigenspießchen mit Ziegenkäse und Prosciutto • 62
Parmesan-Brot-Bällchen mit Knoblauchsauce • 64
Gratin mit Mini-Blumenkohl und Prosciutto • 66

Bällchen als Beilage 68

Damper • 70

Kartoffeln mit indischen Gewürzen • 72

Kartoffelbällchen • 74

Rosmarinkartoffeln in Pergament • 76

Cocktailtomaten in Balsamessig • 78

Gebackene Rote-Bete-Rübchen • 78

Bällchen als Hauptgericht 80

Hühnchenkufta • 82

Löwenkopf mit Kohlmähne • 84

Gebackene Babycalamares mit Knoblauch • 87

Curry mit Fleischbällchen • 88

Schweinewürstchen mit Zitrone • 89

Gedämpfte Fleischbällchen auf Spinat • 90

Israelischer Couscous-Meeresfrüchte-Salat mit Zitrone und Basilikum • 93

Lammhirn mit Kräuterkruste • 94

Kartoffel-Lachs-Puffer • 96

Gefüllte Zwiebeln mit Steinpilzen • 99

Überbackene Penne mit Fleischbällchen und Pancetta • 100

Marokkanische Lammkufta auf Rosmarinspießchen • 102

Kalbfleischbällchen mit Borlotti-Bohnen • 104

Süßsaure sizilianische Fleischbällchen mit Safranreis • 108

Hühnchen in der Salzkruste • 111

Muschel-Kartoffel-Eintopf • 112

Süße Bällchen 114

Granatapfelkerne mit geeistem Wodka • 116

Gem Scones • 118

Macadamia-Espresso-Bällchen • 120

Haselnusskrokant-Kekse • 121

Profiteroles • 122

Pochierte Tamarillos • 124

Schoko-Beignets • 126

Sorbets • 128

Pochierte Pfirsiche • 130

Passionsfrucht-Küchlein • 132

Popcorn-Bällchen am Stiel • 134

Zimtkrapfen • 135

Roquefort-Beignets • 136

Schoko-Baisers • 138

Zitronenpolenta-Madeleines • 139

Schokoladentrüffel • 140

Gefüllte Datteln • 140

Register • 142

Für Margret Fulton, die mit uns in Marokko war, als die Idee zum "kugeligen Kochbuch" entstand, und die Australien das Kochen beigebracht hat.

Einleitung

Vor einigen Jahren besuchten wir Marokko – als Gäste der Internationalen Olivenöl Tagung. Als wir eines Abends das Hotel in Fez verließen, trafen wir einen bekannten amerikanischen Wirtschaftsjournalisten, der ebenfalls Gast der Tagung war und zum Hotel zurückging. In seiner Hand hielt er ein kleines Päckchen. “Schaut euch das einmal an!” rief er und winkte uns zu sich herüber. Er war sichtlich aufgeregt über seine Entdeckung, die er in einer der Nebenstraßen gemacht hatte: “Schokoladen-Bällchen!”

Nachdem er seinen Schatz ausgepackt hatte, starrten wir allesamt in eine Schachtel und erblickten zwei riesige, glänzende, dunkelbraune Kugeln. “Wie schwer sie sind!” sagte er. Wir bewunderten ihre Größe. Nahmen sie in unsere Hände. Wogen sie ab. Nickten ihm zu und lächelten. Probiert haben wir sie übrigens nicht – er hatte uns nicht aufgefordert – und trotzdem erregte dieses Treffen unsere besondere Aufmerksamkeit.

Ein, zwei Tage später nahmen wir pflichtbewusst an einer Vorlesung von eben jenem Journalisten teil. Es ging um die weltweite ökonomische Signifikanz von Oliven. Da geschah es. Unsere Blicke trafen sich und wir flüsterten uns zu: “Schokoladen-Bällchen”. So fing alles an. Und wie es manchmal im Leben geschieht, blieb uns diese Formulierung als Reisemitbringsel fest im Gedächtnis. Tatsächlich schien sie eine Zeitlang der perfekte Kommentar zu allem und jedem zu sein. Keine von uns kann sich genau daran erinnern, wer irgendwann einmal sagte: “Darin steckt die Idee zu einem Buch.”

Wie auch immer, hier ist das “kugelige” Buch. Bällchen in all ihrer Pracht ... rund, oval, dick, dünn, weich, fest, saftig, süß, lecker und, ganz klar, schokoladig. Die Rezepte stammen aus den verschiedensten Kochtraditionen und sind nicht nur zeitlos, sondern auch passend für fast jede Gelegenheit. Wir lieben Bällchen – und was ist mit Ihnen?

bäll-
chen

Was kann es Schöneres geben, als ein passendes Bällchen auf einen Biss in den Mund zu stecken? Den kleinen Happen, der die Geschmacksknospen zusätzlich zur prickelnden Unterhaltung anregt? Und das, ohne dabei groß balancieren zu müssen, ohne dass das Bällchen eine unfreiwillige Bruchlandung auf dem Boden macht. Eines wird es aber garantiert machen: Fun, fun, fun ...!

auf einen biss

Versuchen Sie unbedingt, kirschgroße Bocconcini-Käse für diese herrlichen Bissen zu besorgen. Endet Ihre Suche erfolglos, ist das kein Grund zu verzweifeln. Schneiden Sie einfach Bocconcini üblicher Größe in mundgerechte Würfel. Aber Vorsicht: “Einfacher” Mozzarella ist als “Ersatz-Käse” leider nicht geeignet!

mini-bocconcini mit prosciutto

Zutaten

¼ Teelöffel Salz

1 Knoblauchzehe

Saft von ½ Zitrone

2 Esslöffel grob geschnittener, frischer Schnittlauch

¼ Teelöffel Chiliflocken

60 ml extra natives Olivenöl

315 g frischer Bocconcini-Käse (eine Mozzarella-Art), abgetropft

15 dünne Scheiben Prosciutto (gekochter Schinken), der Länge nach halbiert

Dillzweige

für 30

Salz und Knoblauch in einem Mörser zu einer Paste zerdrücken. Paste in eine Schüssel geben und mit Zitronensaft, Schnittlauch, Chiliflocken und Öl gut vermischen. Bocconcini zufügen und 2 Stunden bei Raumtemperatur oder über Nacht im Kühlschrank marinieren.

Jeden kleinen Käse mit einer Scheibe Schinken umwickeln und je einen kleinen Dillzweig hineinstecken. Mit einem Zahnstocher fixieren und sofort servieren. Werden Mini-Bocconcini mit Prosciutto im Voraus zubereitet, einfach mit Klarsichtfolie abdecken und bis zum Servieren im Kühlschrank lagern.

Das ist für Sie bestimmt keine große Neuigkeit: Dämpfen ist eine gesunde Alternative zum Frittieren. Aber das wussten Sie vielleicht noch nicht: Ganz egal, welche Jahreszeit gerade ist, Dim Sum ist immer eine Köstlichkeit und noch dazu einfach zuzubereiten. LW

dim sum

Zutaten

60 g Bambussprossen, abgetropft

4 Frühlingszwiebeln, in Scheiben

2 Knoblauchzehen

2 Korianderwurzeln (Cilantro), nach Belieben

1 Zweig Korianderblätter

500 g mageres Schweinefleisch, fein gehackt

60 ml Fischsauce

Salz und Pfeffer zum Abschmecken

2 Teelöffel Zucker

1 Paket Wonton-Hüllen oder Gow Gee Teig

Sauce

45 g Erdnüsse, geröstet

2 frische Chilischoten, fein gehackt

Saft von 2 Limonen

1 Esslöffel Fischsauce

1 Esslöffel weißer Zucker

für 30

Bambussprossen, Frühlingszwiebeln, Knoblauch, Korianderwurzeln und Korianderblätter in einer Küchenmaschine fein hacken. Schweinefleisch, Fischsauce, Salz, Pfeffer und Zucker zugeben und zu einer glattem Masse verarbeiten. Eine walnussgroße Menge der Masse in die Mitte jeder Wonton-Hülle geben, an den Seiten andrücken und kleine Klößchen formen, so dass die Teighülle oben fast schließt. Taschen in ein großes, eingefettetes Bambusdämpfkörbchen legen und zugedeckt bei starker Hitze 7–8 Minuten dämpfen. Für die Sauce Erdnüsse zerdrücken und mit den übrigen Saucen-Zutaten in ein mit einem Schraubdeckel verschließbares Glas geben. Schütteln, bis der Zucker aufgelöst ist. Vor dem Servieren ein wenig Sauce über jedes Dim Sum geben und direkt als Fingerfood aus dem Dämpfer reichen. Alternativ die Sauce in eine Schüssel füllen, auf eine Platte stellen und mit den Fleischtäschchen umgeben.

Annette Fear, Chefin des "Spirit House Restaurants" und einer Kochschule in Yandina, servierte diese fantastischen Kugel-Happen 1998 zur Eröffnung des "Chili-Festivals" in Sydney.

Zutaten

200 g rohes Garnelenfleisch, grob gehackt

200 g Tintenfisch, grob gehackt

1 rote Zwiebel, längs aufgeschnitten und in Scheiben geschnitten

½ Tasse Korianderstängel (Cilantro), gehackt

1 Esslöffel Knoblauch, fein gehackt

1 Esslöffel Ingwer, fein gehackt

2 Eier, verquirlt

75 g Weizenmehl

Fischsauce zum Würzen

Weißer Pfeffer, frisch gemahlen

1 Teelöffel Sambal Oelek

2 Bündel getrocknete Eiernudeln, in warmem Wasser eingeweicht, dann abgetropft und in etwa 5 cm lange Stücke geschnitten

Pflanzenöl zum Frittieren

meeresfrucht-nudel-bällchen

für 24

Alle Zutaten bis auf das Öl in eine große Schüssel geben. Gut durchmischen. Öl 5 cm hoch in eine Pfanne oder einen Wok gießen und erhitzen. Teelöffelgroße Mengen der Masse in das heiße Öl geben und in 5 Minuten goldbraun frittieren. Bällchen nicht zu groß formen, da sie sonst in der Mitte roh bleiben. Nach Belieben mit einer süßen Chilisauce zum Dippen servieren.

Kleine Bällchen – starke Wirkung:
Servieren Sie sie wie Nüsse als herzhaften Snack oder streuen Sie sie wie Croûtons einfach über einen Salat!

kapern im biermantel

Zutaten

100 g große Kapern in Salz

125 g Weizenmehl

250 ml Bier

¼ Teelöffel Salz

Erdnussöl zum Frittieren

für 150g

Kapern gut abwaschen, abtropfen lassen und mit Küchenpapier trockentupfen. Zur Seite stellen. Mehl, Bier und Salz in einer Schüssel mischen und Teig mit dem Schneebesen glatt schlagen.
15 Minuten ruhen lassen. Kapern in den Teig rühren.
Öl bis zu einer Höhe von 3 cm in eine kleine Pfanne gießen und auf 190 °C erhitzen. Einige Kapern mit einem Schaumlöffel aus dem Teig heben und einzeln mit Hilfe der Finger in das Öl geben. In 1 Minute goldgelb frittieren. Mit einem sauberen Schaumlöffel herausnehmen; auf Küchenpapier abtropfen lassen.

Die Olive – ein Multitalent: Sie schmeckt pur, in Salaten, Pastasaucen oder auch Risottos.

Grüne Oliven werden geerntet, wenn sie noch nicht ganz reif sind. Deshalb ist ihr Fleisch viel fester als das von schwarzen oder purpurroten Oliven. Ihr herber Geschmack bildet bei diesem Rezept einen angenehmen Kontrast zur Milde des Teiges. Ein Tipp am Rande: Falls Sie die Oliven nicht entsteinen, warnen Sie Ihre Gäste rechtzeitig!

frittierte grüne oliven

portion 4

Oliven erst in das Ei tauchen, dann in Mehl wälzen, bis sie ummantelt sind. Öl 5 cm hoch in einen Bräter füllen, erhitzen. Oliven portionsweise in 4–5 Minuten goldgelb frittieren. Mit einem Schaumlöffel aus der Pfanne nehmen, auf Küchenpapier abtropfen lassen. Warm servieren.

Zutaten

250 g grüne Oliven, bei Bedarf entsteint

1 großes Ei, verquirlt

500 g Weizenmehl

Olivenöl zum Frittieren

Ich liebe Hülsenfrüchte und so lasse ich mich von diesen Falafel gerne verführen ... Außerdem bin ich überzeugt davon, dass die Orientalen ihr langes Leben dem Verzehr dieser Delikatesse verdanken. Vorgefertigte Falafel-Mischungen sowie Foul-Bohnen erhalten Sie übrigens in gut sortierten orientalischen Lebensmittelläden. LW

falafel

Zutaten

500 g geschälte und halbierte Foul-Bohnen

2 rote Zwiebeln, gehackt

2 große Knoblauchzehen, fein gehackt

1 Bund frischer Koriander (Cilantro) oder Petersilie

2 Teelöffel gemahlener Kreuzkümmel

1 Teelöffel gemahlener Koriander

Salz und Cayennepfeffer

½ Teelöffel Backpulver

Olivenöl zum Frittieren

für 60

Bohnen in einer großen Schüssel 5 cm hoch mit Wasser bedecken und 24 Stunden quellen lassen. Sehr gut abtropfen lassen und in einer Küchenmaschine pürieren. Zwiebeln, Knoblauch, Kräuter, Gewürze und Backpulver hinzufügen und zu einer glatten Paste verrühren. 30–60 Minuten bei Raumtemperatur stehen lassen. Dann mit angefeuchteten Händen walnussgroße Bällchen formen und 15 Minuten ruhen lassen.

Öl 5 cm hoch in eine Pfanne füllen und erhitzen. Falafel portionsweise darin in 3–4 Minuten goldgelb frittieren. Sofort dampfend heiß servieren.

Das passt nicht zusammen? Doch, es passt: Bei dieser delikaten Variante werden Wachteleier von einem würzigen Fleischmantel umhüllt. Wer Hühnereier verwenden möchte, benötigt für dieses Rezept acht mittelgroße Eier.

wachteleier im gewürzmantel

für 18

Wachteleier bei mittlerer Hitze 3 Minuten kochen. Abschrecken und pellen. Würstchenfarce, Gewürze und Ei in einer Schüssel vermengen und in 18 Bällchen aufteilen. Jedes Bällchen mit den Handflächen flach drücken, 1 Wachtelei in die Mitte geben und die Fleischmasse gleichmäßig um das Ei formen. In Brotkrumen wälzen: Die Krumen gut andrücken.

Öl etwa 1 cm hoch in eine Pfanne gießen und erhitzen. Bällchen portionsweise in 8 Minuten goldbraun braten. Mit einem Schaumlöffel herausnehmen und auf Küchenpapier abkühlen lassen. Bei Zimmertemperatur servieren.

Zutaten

18 Wachteleier

750 g hochwertige Bratwürstchen-Farce
3 Teelöffel milder Paprika

½ Teelöffel Cayennepfeffer

je 1 Teelöffel gemahlener Zimt, Koriander und Kreuzkümmel

1 Teelöffel schwarzer Pfeffer, frisch gemahlen

1 Ei, verquirlt

125 g trockene Brotkrumen

Olivenöl zum Frittieren

Rohes Fleisch ist ein wahrer Leckerbissen für mich – nicht zuletzt, weil ich in Holland geboren und aufgewachsen bin. So war ein "broodje tartare" von "Broodje van Kootje" in der Leidse Straat beim Einkaufsbummel in Amsterdam stets eine große Verlockung. "Broodje van Kootje" oder "Kootjes Brötchen" sind frische Brötchen mit einer großzügigen Füllung aus magerem Rinderhack, das mit Zwiebeln gewürzt ist, so ähnlich wie ein "Steak Tatar". LW

tatarbällchen mit schnittlauch

Zutaten

375 g bestes Rinderfilet, fein gehackt

75g rote Zwiebeln, fein gehackt

2 Esslöffel Zitronensaft, frisch gepresst

1 Esslöffel Kapern, abgewaschen oder gut abgetropft, gehackt

1 Teelöffel Worcestersauce

Salz

Schwarzer Pfeffer, frisch gemahlen

Tabascosauce

1 Bund Schnittlauch, fein gehackt

für 30

Gehacktes, Zwiebeln, Zitronensaft, Kapern und Worcestersauce in einer Schüssel vermengen und nach Geschmack mit Salz, Pfeffer und Tabascosauce würzen. Mit angefeuchteten Händen zu kleinen Kugeln formen.

Bällchen im Schnittlauch wälzen. Mit Klarsichtfolie abdecken und bis zum Servieren in den Kühlschrank stellen.

Was macht eigentlich die Litschi-Frucht so attraktiv? Ist es ihre Schönheit, wenn sie noch am Zweig hängt? Ist es das weiche, glasige Fruchtfleisch oder ihr wunderbar glatter Kern? Wie auch immer – die in ihrem Geschmack unbeschreibliche Litschi bekommt durch diese würzige, thailändische Hühnchenfüllung eine ganz neue Dimension. LW

litschis mit korianderhuhn-füllung

Zutaten

2 Korianderpflanzen (Cilantro) mit Wurzeln

2,5 cm frischer Ingwer, geschält und fein gehackt

2 große Knoblauchzehen, fein gehackt

1 rote, scharfe Chilischote, fein gehackt, nach Belieben Samen entfernen

1 Esslöffel Erdnussöl

250 g Hühnerfleisch, fein gehackt

1 Teelöffel Zucker

2 Teelöffel Fischsauce

Limonensaft, frisch gepresst (nach Wunsch)

20 frische Litschis, geschält und entsteint, oder ca. 500 g Litschis aus der Dose, abgetropft

für 20

Blätter von den Korianderpflanzen zupfen, fein hacken und beiseite stellen. Wurzeln fein hacken und zusammen mit Ingwer, Knoblauch, Chili und Öl in eine beschichtete Bratpfanne geben. Bei mittlerer Hitze etwa 2 Minuten anbraten, bis sich der Duft entfaltet. Hühnerhack zugeben und in etwa 3 Minuten gar kochen. Pfanne vom Herd nehmen, Zucker, Fischsauce sowie gehackte Korianderblätter einrühren. Nach Belieben nochmals mit Zucker, Fischsauce und Limonensaft abschmecken. Korianderhuhn-Mischung mit einem kleinen Teelöffel in die Litschis füllen. Mit Klarsichtfolie abdecken und bis zum Verzehr in den Kühlschrank stellen.

Nicht nur einfach Fisch: Diese kleinen Bällchen schmecken viel, viel aromatischer! Besonders hübsch sehen sie auf Zitronengras-"Spießchen" aus.

Zutaten

315 g rohe Garnelen (155 g Garnelenfleisch)

350 g festes, weißes Fischfilet, z.B. Lotte, Steinbeißer, Rotbarsch

1 Knoblauchzehe

4 Kaffir-Limettenblätter

2 Teelöffel rote, thailändische Currypaste

1 Teelöffel Palmzucker oder brauner Zucker

Salz und Pfeffer zum Abschmecken

6 Stängel Zitronengras

1 Esslöffel extra natives Olivenöl oder Erdnussöl

Zitronenspalten zum Garnieren

fischbällchen mit zitronengras

für 24

Garnelen schälen, Garnelenfleisch und Fisch grob würfeln. Knoblauch und Limettenblätter in der Küchenmaschine hacken, Garnelen, Fisch, Currypaste, Zucker, Salz und Pfeffer hinzugeben. Kurz zu einer noch gut strukturierten Masse verarbeiten. Jeden Zitronengras-Stängel in 4 Stücke teilen und auf etwa 15 cm Länge zurechtschneiden. Um das Ende jedes Zitronengras-Stücks aus 1–2 Esslöffeln Fischpaste ein Bällchen formen (die Bällchen können einige Stunden im Voraus zubereitet werden; mit Klarsichtfolie abdecken und im Kühlschrank aufbewahren). Öl in einer großen, beschichteten Bratpfanne bei mittlerer Temperatur erhitzen. Die Spießchen leicht braun anbraten und sie dabei gelegentlich wenden. (die Fischbällchen mit Zitronengras können auch über kochendem Wasser gedämpft werden, sie sind dann weniger fett. Sofort mit Zitronenspalten servieren.

Zutaten

500 g mehlige Kartoffeln

Salz

200 g hochwertiger Tunfisch in Olivenöl, aus der Dose, abgetropft

1 großes Ei

2 Esslöffel Parmesan, frisch gerieben

Schwarzer Pfeffer, frisch gemahlen

1 Prise Muskatnuss, frisch gerieben

2 Esslöffel Kapern, gut abgespült und abgetropft

2 Esslöffel glattblättrige Petersilie, fein gehackt

Weizenmehl zum Wenden

Olivenöl zum Braten

Passend zum Cocktail: eine italienische Knabberei, aufgepeppt durch den würzigen Geschmack der Kapern.

kartoffel-tunfisch-frikadellen

portion 8

Kartoffeln in Salzwasser kochen, abgießen und pellen. Durch eine Kartoffelpresse in eine Schüssel drücken oder sehr fein mit einer Gabel zerdrücken; auf Raumtemperatur abkühlen lassen. Tunfisch, Ei und Käse sorgfältig untermischen und mit Salz, Pfeffer und Muskat abschmecken. Kapern und Petersilie einrühren. Mit einem Melonenportionierer aus der Masse kleine Bällchen formen. Auf einem großen Teller leicht in Mehl wälzen. Öl 5 cm hoch in eine Bratpfanne füllen und Bällchen portionsweise goldgelb und knusprig braten. Auf Küchenpapier abtropfen lassen und sofort servieren.

Zutaten

32 kleine Champignons

Öl zum Frittieren

75 g Maismehl

80 ml kaltes Wasser

Tempura-Sauce zum Dippen (Fertigprodukt aus dem Asienladen)

Unglaublich einfach und köstlich, ob mit oder ohne Tempura-Sauce.

mini-champignons mit tempura

für 32

Pilze mit Küchenpapier sauber reiben. Öl in einer Bratpfanne oder Fritteuse stark erhitzen. Mit Hilfe einer Gabel Maismehl und Wasser zu einer glatten Masse schlagen.

Pilze am Stiel festhalten, in den Teig tauchen und sofort ins heiße Öl geben. Goldbraun frittieren. Herausnehmen und auf Küchenpapier abtropfen lassen. Heiß mit Tempura-Sauce zum Dippen servieren.

Pilze nicht waschen, sie schmecken sonst wässrig.

Ohne geht's nicht: Jede Party braucht ein paar leckere, einfache Sattmacher. Frische Sandwiches zum Beispiel, denn die kommen immer an. L/M

kleine, runde sandwiches mit zwiebeln, petersilie und mayonnaise

Zutaten

1 Laib frisches Weißbrot, aufgeschnitten (ca. 20 Scheiben)

Butter zum Bestreichen

6 kleine, milde Zwiebeln

250 g Mayonnaise

1 Bund Petersilie, fein gehackt

Salat, klein gerupft

für 20

Mit einem Ausstechförmchen zwei je 5 cm große Kreise aus jeder Brotscheibe ausstechen. Brotstücke mit Butter bestreichen. Zwiebeln in sehr dünne Scheiben schneiden und zwischen zwei Brotkreise legen. Eventuell müssen die äußeren Zwiebelringe entfernt werden, damit sie das Brot nicht überlappen. Mayonnaise auf die Kante der Sandwiches streichen und in gehackter Petersilie rollen. Mit gerupften Salatstücken belegen (zum Feuchthalten) und mit Klarsichtfolie abgedeckt bis zum Servieren aufbewahren. Sandwiches am besten innerhalb von 2 Stunden verzehren.

Das ist "die" fettarme, vegetarische Leckerei – wenn sie im Ofen gebacken wird. Keine Frage, Ricottabällchen schmecken natürlich auch frittiert wunderbar. L/M

ricotta-bällchen

für 38

Kräuter in der Küchenmaschine fein hacken. Sonnengetrocknete Tomaten, Ricotta, Parmesan, Brotkrumen, Ei, Salz sowie Pfeffer zufügen und durcharbeiten. Ein- bis zweimal Masse am Rand nach unten schaben, damit alles gut durchmischt wird. Oliven zugeben und kurz mithacken. Falls es die Zeit erlaubt, Mischung in den Kühlschrank stellen, damit sie fester und leichter formbar wird.

Polenta in eine weite Schüssel geben. Ricotta-Masse zwischen den Handflächen zu walnussgroßen Bällchen formen und in die Polenta legen. Wenn 5 oder 6 Bällchen fertig sind, Bällchen in der Schüssel herumrollen, bis sie von der Polenta umhüllt sind. Sofort backen oder bis zum Gebrauch im Kühlschrank aufbewahren.

Ricotta-Bällchen im auf 160 °C vorgeheizten Ofen (Gas: Stufe 3) etwa 15 Minuten backen (oder goldgelb frittieren). Noch heiß servieren.

Zutaten

70 g gehackte, frische Kräuter, z.B. Petersilie, Oregano, Basilikum

35 g sonnengetrocknete Tomaten und/oder sonnengetrocknete Paprika

500 g Ricotta-Käse

100 g Parmesan, frisch gerieben

110 g frische, weiße Brotkrumen

1 Ei

1 Prise Salz

Schwarzer Pfeffer, frisch gemahlen

30 g schwarze Oliven, etwa 10 Stück, entsteint und in Scheiben geschnitten

60 g Polenta

Haben Sie dieses Rezept erst einmal ausprobiert, erhält es garantiert einen Stammplatz in Ihrem Snack-Repertoire. Die angegebene Menge ergibt genügend Bällchen für zwölf Personen. Wer nur sechs Gäste erwartet, kann einen Teil der Bällchen einfrieren. Gougère sollten nur frisch gebacken auf den Tisch kommen. L/W

gougère

Zutaten

125 g ungesalzene Butter

Salz

375 ml Wasser

250 g Weizenmehl, gesiebt

5 große Eier

250 g Greyerzer-Käse, grob gerieben

Schwarzer Pfeffer, frisch gemahlen

Butter für das Blech

1 zusätzliches Ei, verquirlt

für 75

Ofen auf 180 °C vorheizen (Gas: Stufe 4). Butter, 1 Prise Salz und Wasser in einem Kochtopf mischen, zum Kochen bringen und vom Herd nehmen. Das gesamte Mehl unter Rühren auf einmal zugeben und Topf wieder auf die Platte stellen. Bei mittlerer Hitze etwa 3 Minuten weiter rühren, bis die Masse austrocknet und beginnt, sich von den Seitenwänden des Topfs zu lösen. In eine Küchenmaschine oder einen leistungsstarken Mixer füllen. Eier nacheinander in den laufenden Mixer geben. (Bevor das nächste Ei in die Masse kommt, sollte das vorherige stets gut eingearbeitet sein.) Greyerzer-Käse hinzufügen und mit Salz und Pfeffer abschmecken. Je einen gehäuften Teelöffel der Masse auf ein eingefettetes Backblech geben und jedes Häufchen mit verquirltem Ei bepinseln. Käsebällchen in 40 Minuten goldgelb backen. Warm servieren.

nam jim

4 große Korianderwurzeln (Cilantro)

3 rote Chilischoten, Samen entfernen

15 Schalotten, geschält

4 Knoblauchzehen, geschält

155 g Palmzucker

190 ml frischer Limonensaft (4–5 Limonen)

50 ml Fischsauce

thailändische bällchen

Als Gerichte aus Thailand in Australien populär wurden, waren thailändische Fischküchlein der Hit. In diesem Rezept wird der Fisch durch Hühnerfleisch ersetzt, das durch das Frittieren schön saftig bleibt. Um Kalorien zu sparen, können die Bällchen auch gebacken werden. LM

Schalotten sehen wie kleine, braune Zwiebeln aus: schmecken aber viel milder und sind in der asiatischen Küche sehr beliebt.

Zutaten

Traubenkernöl zum Frittieren

1 Stängel Zitronengras, in feinen Scheiben

2 Kaffir-Limettenblätter, geschnitten

2 Knoblauchzehen

3 cm Ingwer am Stück

1 Esslöffel rote thailändische Currypaste

2 Esslöffel Fischsauce

625 g Hühnerbrüstchen, grob gehackt

1/2 Teelöffel Salz

1 Teelöffel Zucker

5 Esslöffel (100 ml) Kokoscreme

24 balls

Zuerst das Nam Jim zubereiten: Korianderwurzeln, Chilischoten, Schalotten und Knoblauch zusammen in der Küchenmaschine zerkleinern. Limonensaft und Fischsauce einarbeiten. Masse zur Seite stellen. Für die Bällchen: Traubenkernöl 5 cm hoch in einen tiefen Topf füllen und stark erhitzen. Zitronengras, Limettenblätter, Knoblauch und Ingwer in der Küchenmaschine fein hacken. Currypaste und Fischsauce zugeben und vermischen. Grob gehackte Hühnerbrust, Salz und Zucker hinzugeben, fein hacken und die Masse mindestens einmal vom Rand mit dem Schaber nach unten drucken. Bei laufender Maschine Kokoscreme einfüllen und einarbeiten. Da die Masse relativ feucht ist (im Kühlschrank wird sie etwas fester), werden längliche Bällchen am besten mit zwei Teelöffeln geformt und dann in das heiße Öl gegeben. Portionsweise 3 Minuten goldbraun frittieren, bis die Bällchen gar sind. Mit einem Schaumlöffel aus dem Öl heben und auf Küchenpapier abtropfen lassen. Alternativ kann die Masse auch in kleine, beschichtete Muffin-Förmchen gegeben werden - auf jedes Bällchen etwas Kokoscreme tupfen und bei mäßiger Hitze (180–190 °C, Gas: Stufe 4) 4–8 Minuten Ofen backen. Mit Nam Jim servieren.

Macadamia-Nüsse: Sie kommen aus Australien, schmecken so, wie sie sind, absolut köstlich – und mit Gewürzen noch besser. Als fettarme Variante habe ich sie gebacken, doch auch frittiert schmecken sie hervorragend. L/M

gewürzte macadamia-nüsse

Zutaten

5 Knoblauchzehen, fein gehackt

3 rote Chilischoten, in Scheiben, mit Samen

Olivenöl zum Beträufeln

125 g ungeröstete Macadamia-Nüsse

½ Teelöffel gemahlener Kreuzkümmel

2 Teelöffel Salz

1 Teelöffel Zucker

portion 6

Ofen auf 180–190 °C (Gas: Stufe 4) vorheizen. Knoblauch und Chilis auf ein kleines, flaches Backblech legen. Rundum mit Olivenöl beträufeln. 2 Minuten backen.

Backblech aus dem Ofen nehmen, Macadamias und Kreuzkümmel zugeben, mit Öl beträufeln, das Blech etwas schütteln. 4 Minuten backen, herausnehmen, wieder schütteln und noch einmal 4 Minuten backen. Backblech aus dem Ofen holen und alles sofort mit Salz und Zucker bestreuen. Backblech nochmals schütteln, damit sich die Zutaten gut verbinden. Abkühlen lassen und in einem luftdicht schließenden Gefäß aufbewahren. Köstlich als Häppchen zum Aperitif.

bäll-

chen

als vorspeise

Dank ihrer praktischen Form können Bällchen ohne Probleme auf leichte Art verspeist werden – ganz im Gegensatz zu neumodischen Gerichten, die oft zu so großen Türmen aufgeschichtet werden, dass man meist nicht weiß, wie man sie essen soll. Für Bällchen braucht man einfach nur Gabel, Messer oder Löffel und kann sofort genießen!

Eigentlich lautet mein Grundsatz: nur frisches Saisongemüse kaufen! Doch bei dicken Bohnen mache ich eine Ausnahme. Sie sind auch als Tiefkühlware gut. LW

gnocchi mit petersilien-pesto & dicken bohnen

Zutaten

Salz

250 g geschälte dicke Bohnen (Saubohnen)

400 g frische Gnocchi

Parmesan-Späne zum Servieren

Petersilien-Pesto

1 großer Bund glattblättrige Petersilie, etwa 140 g Blättchen

2 Esslöffel gehackte Walnüsse

2 große Knoblauchzehen, leicht zerdrückt

60 ml extra natives Olivenöl

2 Esslöffel Parmesankäse, frisch gerieben

portion 4-6

Zuerst das Pesto bereiten: Petersilie, Walnüsse und Knoblauch in eine Küchenmaschine geben und fein hacken. Olivenöl und Käse hinzufügen; einarbeiten, bis eine gut vermischte Masse entstanden ist.

Für die Gnocchi einen großen Topf mit Salzwasser zum Kochen bringen, dicke Bohnen hineingeben und 1–2 Minuten kochen. Mit einem Schaumlöffel herausnehmen und unter kaltem Wasser abschrecken. Schalen entfernen und Bohnen beiseite stellen.

Gnocchi in das kochende Wasser geben, gut umrühren und in 10–12 Minuten gar köcheln. Dicke Bohnen während der letzten 2 Minuten zu den Gnocchi ins Kochwasser geben. Abgießen, dabei ein wenig von dem Kochwasser zurückbehalten, ins Pesto rühren. Pesto mit Gnocchi und Bohnen vermischen, in tiefen vorgewärmten Tellern mit Parmesan-Spänen servieren.

Zur Herstellung von Labna, einem selbstgemachten Käse, bieten sich zahlreiche Versionen an. Doch egal, für welche man sich entscheidet, Labna schmeckt zu jeder Tageszeit und kann gut anstelle von Feta-Käse verwendet werden.

labna

Zutaten

1 Liter Naturjoghurt (oder fettarmer Joghurt)

1 Teelöffel Salz

extra natives Olivenöl

frische Rosmarinzweige

1 Teelöffel Koriandersamen

2–3 rote Chilischoten

für 24

Joghurt mit Salz vermischen, gut verrühren, damit keine Klümpchen entstehen. Joghurt in die Mitte einer doppelten Lage feuchter Nesseltücher stürzen und 24 Stunden über einer tiefen Schüssel oder einem Plastikeimer abtropfen lassen (hin und wieder während der Abtropfzeit mit einem Löffel über die Innenseite des Tuches kratzen, um das Abtropfen zu erleichtern).

Entstandenen "Käse" vom Nesseltuch abnehmen und auf ein mit Küchenpapier ausgelegtes Tablett krümeln. In den Kühlschrank stellen, bis die Masse fest ist und sich trocken anfühlt.

Mit eingeölten Händen daraus 2,5 cm große Bällchen formen und in ein großes Glas geben; mit Olivenöl bedecken. Rosmarinzweige, Koriandersamen und Chilischoten als Gewürz mit hineingeben. Auf knusprigem Brot mit frisch gemahlenem Pfeffer servieren.

Frischen Lachs erhält man am sichersten in Geschäften mit großem Umsatz. Vielleicht befindet sich in Ihrer Nähe ja auch ein Fischmarkt – Sie werden staunen, wie groß die Auswahl dort ist.

lachstatar mit lachskaviar & zitronengrasmayonnaise

portion 4

Fisch und Zwiebeln in einer Schüssel vermischen und je nach Geschmack würzen. Abdecken und mindestens 1 Stunde (maximal 6 Stunden) in den Kühlschrank stellen. Währenddessen die Mayonnaise zubereiten: Die äußeren, harten Schichten vom Zitronengras entfernen, bis der zarte Teil zum Vorschein kommt. Diesen sehr fein hacken, 2 Teelöffel abmessen und zur Seite stellen. Salz und Knoblauch in einem Mörser zu einer Paste zerdrücken. In eine Küchenmaschine geben und gemeinsam mit Zitronengras, Ei und Limonensaft vermischen. Bei laufender Maschine Öl langsam hineintröpfeln lassen. Sobald es emulgiert, kann mehr Öl in einem Strahl zugegeben werden. Vorbereiteten Fisch und Zwiebeln auf ein Hackbrett geben und mit einem Messer hacken, bis es grobem Hackfleisch ähnelt. Erneut abschmecken. Einige Löffel Tatar auf vier Vorspeisenteller verteilen, mit einem Klecks Lachskaviar und Zitronengrasmayonnaise sowie einer Limonenspalte garnieren. Nach Wunsch mit Vollkornbrot und ungesalzener Butter servieren.

Zutaten

250 g Lachsfilet ohne Haut, Fleisch grob gehackt

1 kleine, rote Zwiebel, in Ringe geschnitten

Salz

Schwarzer Pfeffer, frisch gemahlen

60 g Lachskaviar zum Garnieren

Limonenspalten zum Servieren

Zitronengrasmayonnaise

1 Stängel Zitronengras, nur die unteren 10 cm

½ Teelöffel Salz

1 Knoblauchzehe, grob gehackt

1 großes Ei

1 Esslöffel Limonensaft, frisch gepresst

250 ml Erdnussöl

Rote Linsen verkochen leicht, sie eignen sich daher am besten für Suppen und Dhals. Grüne und braune Linsen behalten ihre Form.

dalkroketten mit safran-aioli

Viele Dal-Sorten (getrocknete Hülsenfrüchte) buhlen um die Gunst des Käufers: halbierte rote Linsen, Chana (halbierte gelbe Erbsen aus Indien), schwarzer Uriad (schwarzer Gram), weißer Uriad (schwarzer, enthülster Uriad), Toor (enthülste halbierte gelbe Erbsen, auch als Toovar oder Taubenerbsen bekannt) und gelbe Mungbohnen (halbierte grüne Mungbohnen, auch Moong Dal oder grüner Gram genannt). Ich liebe es, in orientalischen Lebensmittelläden zu stöbern, und kaufe meist viel mehr, als ich wollte.

für 30

Zunächst die Aioli bereiten: Safran in eine kleine Schüssel füllen, heißes Wasser darüber gießen und 20 Minuten stehen lassen. In der Zwischenzeit Salz und Knoblauch in einem Mörser zu einer Paste zerdrücken. Knoblauchpaste, Safran und Einweichwasser in die Mayonnaise rühren und beiseite stellen. Für die Dalkroketten beide Dals separat gut waschen, vermischen, mit viel Wasser bedecken und 4 Stunden quellen lassen. Gut abgetropfte Dals in der Küchenmaschine im Pulstakt mit 1 ½ Esslöffeln Wasser fein, aber nicht zu einer Paste pürieren. In eine Schüssel geben und Zwiebel, Koriander, Ingwer, Chili, Salz, Kreuzkümmel und Cayennepfeffer untermischen. Öl 5 cm hoch in eine Pfanne füllen und auf 160 °C erhitzen. Masse zu walnussgroßen Bällchen formen und portionsweise etwa 5 Minuten tief goldgelb frittieren, dabei einmal wenden. Kroketten mit einem Schaumlöffel herausheben und auf Küchenpapier abtropfen lassen. Sofort mit Safran-Aioli servieren.

Zutaten

100 g weißer Urid Dal
100 g Toor Dal
1 kleine Zwiebel, fein gehackt
35 g frischer Koriander (Cilantro), frisch gehackt
2 Teelöffel Ingwer, fein gehackt
1 scharfe rote Chilischote, fein gehackt
1 ¼ Teelöffel Salz
½ Teelöffel gemahlener Kreuzkümmel
¼ Teelöffel Cayennepfeffer
Erdnussöl zum Frittieren

Safran-Aioli

¼ Teelöffel Safranfäden
1 Esslöffel heißes Wasser
1 Prise Salz
2 Knoblauchzehen, geschält
160 g hochwertige Mayonnaise

Quenelles – ovale Fischklößchen – sind ganz zu Unrecht in Vergessenheit geraten, denn sie schmecken köstlich! Achten Sie bei der Zubereitung dieses Gerichts darauf, dass alles, einschließlich Küchenmaschine, gut gekühlt ist. L/M

garnelen-quenelles

Zutaten

625 g rohe Garnelen, Schalen aufbewahren

3 Eiweiß

190 g Sahne

Salz

weißer Pfeffer

Sauce

1 Esslöffel Butter

1 mittelgroße Zwiebel, gehackt

Garnelenschalen und -köpfe

1 reife Tomate, grob gewürfelt

250 ml Weißwein

250 ml Hühnerbrühe

1 Esslöffel Crème fraîche

1–2 Esslöffel Butter

gehackter Schnittlauch zum Garnieren (nach Wunsch)

portion 4

Bei diesem Rezept sollte zügig gearbeitet werden, damit alles so kalt wie möglich bleibt: Garnelen schälen und Darm entfernen – es sollten jeweils etwa 300 g Garnelenfleisch und Schalen plus Köpfe übrig bleiben.

Garnelenfleisch in der Küchenmaschine zerkleinern. Eiweiß zufügen und so lange schlagen, bis die Masse sehr fest und glänzend ist. Ab und zu mit dem Schaber die Masse nach unten kratzen. Sahne, Salz und Pfeffer zugeben und erneut gut durchmischen. Zum Abschmecken 1 Teelöffel der Masse in einen Topf mit leicht gesalzenem Wasser pochieren. Restliche Masse mit Folie abdecken und bis zur Weiterverarbeitung (sie sollte am selben Tag geschehen) in den Kühlschrank stellen.

mit garnelensauce

Für die Sauce die Butter bei schwacher Hitze schmelzen und die Zwiebel 2 Minuten dünsten. Temperatur hoch schalten, Garnelenschalen und -köpfe zugeben und unter Rühren so lange erhitzen, bis sie sich golden verfärben und duften. Tomatenwürfel dazugeben und 1 Minute weiter kochen. Wein und Hühnerbrühe dazugießen und bei starker Hitze 5–10 Minuten einkochen lassen. Sud durch ein Sieb abgießen und Garnelen gut ausdrücken, damit viel Saft austritt. Es sollten etwa 300 ml Fond herauskommen (kann auch vorbereitet werden).

Fond in einen sauberen Topf geben, Crème fraîche einrühren und zum Siedepunkt bringen. Kurz vor dem Servieren die Butter einrühren. Nicht mehr kochen.

Für die Quenelles wird ein flacher Topf mit leicht gesalzenem Wasser zum Köcheln gebracht. Mit zwei in heißes Wasser getauchten Esslöffeln etwa acht eiförmige Klößchen formen und in das Wasser gleiten lassen. Nach 1–2 Minuten mit einem Schaumlöffel umdrehen. Nach weiteren 2 Minuten die Quenelles mit dem Schaumlöffel herausheben, kurz auf Küchenpapier abtropfen lassen und direkt auf warmen Tellern servieren. Mit Sauce begießen und nach Wunsch mit gehacktem Schnittlauch garnieren.

Wer glaubt, bei diesem Gericht handle es sich um nichts anderes als "Sang Choy Bow", der irrt sich gewaltig. Dieses aromatische Gericht wird kalt gereicht und stellt eher eine Variante des thailändischen Lab – kaltes, pikantes Hackfleisch – dar. L/M

hühnerbrust im salatmantel

Zutaten

1 Esslöffel Erdnussöl

500 g Hühnerbrust, fein gehackt

1 kleine, spanische Zwiebel, fein gehackt

150 g Koriander (Cilantro), frisch gehackt

1 Esslöffel Palmzucker

60 ml Limettensaft (3–4 Limetten), frisch gepresst

60 ml thailändische Fischsauce (Nam Plaa)

2 Esslöffel Ingwer, fein gerieben

12 kleine Eisbergsalat-Blätter

portion 6

Öl in einer Pfanne stark erhitzen. Hühnerhack zugeben und etwa 6–7 Minuten braten. Dabei ständig rühren, um Klümpchen zu vermeiden. Vom Herd nehmen und Fleisch in einer Schüssel abkühlen lassen.

Zwiebel und Koriander unter das abgekühlte Fleisch heben. Aus Palmzucker, Limettensaft, Fischsauce und Ingwer ein Dressing bereiten (Palmzucker löst sich in Limettensaft). Über das Hühnchen gießen und gut durchmischen.

Salatblätter 1 Minute lang in kochendem Wasser blanchieren, unter kaltem Wasser abschrecken und abtropfen lassen. Auf jedes Salatblatt einen großzügigen Löffel Hühnchenmasse geben und Salat locker um die Füllung drücken.

Krabbenfleisch kann man tiefgefroren oder auch frisch auf dem Fischmarkt kaufen. Die Alternative: Dosenkrabben.

krabbenküchlein

Zutaten

500 g gekochtes Krabbenfleisch

3 Lauchzwiebeln, in feinen Scheiben

1 Teelöffel Ingwer, frisch gerieben

1 rote Chilischote, fein gehackt

1 Esslöffel Koriandergrün (Cilantro), fein gehackt

1 Esslöffel Fischsauce

1 Teelöffel Zucker

Kartoffelpüree aus 440 g Kartoffeln,

60 g Butter und 50 ml heiße Milch (siehe Rezept S. 74)

200 g Paniermehl oder Kokosflocken

1–2 Esslöffel Erdnussöl

frische Korianderblätter (Cilantro) oder Gurkenscheiben zum Garnieren

portion 4

Alle Zutaten – bis auf Paniermehl, Erdnussöl und Korianderblätter – vermischen und gut durchkneten. Mit angefeuchteten Händen zu 12 Küchlein formen und im Paniermehl wälzen.

Öl in einer beschichteten Bratpfanne bei hoher Temperatur erhitzen und die Krabbenküchlein von jeder Seite etwa 2 Minuten goldgelb braten (eventuell portionsweise braten). Auf Küchenpapier abtropfen lassen. Küchlein mit je einem Korianderblatt oder einer dünnen Gurkenscheibe garnieren und warm servieren. Dazu passt ein kräftig gewürzter Gurkensalat.

ricotta-spinat-klößchen mit salbei & parmesan

"Ravioli nudi" nennen die Italiener diese herrlichen Klößchen, was nichts anderes bedeutet als "Nackte Ravioli" – schließlich fehlt ihnen die Teighülle. Und wer gerade eine Reise durch die Toskana plant, dem sei das auf dem Gipfel des Monteriggioni gelegene Restaurant "Il Piccolo Castel" empfohlen. Seine Spezialität: "Ravioli nudi".

portion 6

Backofen auf 180–190 °C (Gas: Stufe 4) vorheizen. Spinat mehrfach in kaltem Wasser waschen. Abtropfen lassen und noch feucht in einen Topf geben. Bei mittlerer Hitze etwa 2–3 Minuten kochen, bis die Blätter in sich zusammenfallen. In einem Sieb abtropfen lassen und den Spinat eventuell noch in einem Geschirrtuch ausdrücken. Butter in einem Topf schmelzen, Spinat zufügen und bei mittlerer Hitze dünsten, bis das Wasser verdunstet ist. Fein hacken und abkühlen lassen. In einer Schüssel zusammen mit Ricotta, Parmesan, Muskatnuss, Eigelb, 1 Teelöffel Salz und Mehl gut vermengen. Zu walnussgroßen Bällchen formen (etwa 1 Stunde in den Kühlschrank stellen, falls die Masse zu weich ist).

Einen großen Topf mit Salzwasser zum Kochen bringen. Ravioli nudi leicht in Mehl wälzen und portionsweise vorsichtig ins Wasser gleiten lassen. Wenn sie nach etwa 3 Minuten an der Oberfläche schwimmen, sind sie gar. Mit einem Schaumlöffel herausnehmen, in eine Auflaufform geben.

Für die Sauce Salbeiblätter zu der Butter geben und die Butter langsam schmelzen. Über die Ravioli gießen, mit Käse bestreuen. 10 Minuten backen, bis der Käse appetitlich gebräunt ist.

Zutaten

500 g frische Spinatblätter (Gewicht nach Entfernen der Stiele)
2 Teelöffel ungesalzene Butter
375 g Ricotta-Käse
185 g Parmesankäse, frisch gerieben
1 Prise Muskatnuss
1 Eigelb
Salz
2 gestrichene Esslöffel Weizenmehl
Mehl zum Bestäuben

Sauce

60 g ungesalzene Butter
50 g Salbeiblätter
30 g Parmesankäse, frisch gerieben

Arancini, damit sind eigentlich "kleine Orangen" gemeint. Doch die kommen in diesem Rezept nicht vor ... der Name bezieht sich nur auf die Größe der Bällchen! Goldene Bällchen, für die sich die Reste jedes Risottos bestens eignen. Dieses Rezept ist übrigens hervorragend Mikrowellen geeignet und das folgende Risotto extra für die Arancini kreiert. L/M

risottobällchen oder arancini

Zutaten

200 g Arborio-Reis

750 ml Wasser

10–15 g getrocknete Steinpilze, zerbröselt

2 Esslöffel extra natives Olivenöl

Salz und Pfeffer

1 ½ Teelöffel Gemüsebrühe

30 g Parmesan, frisch gerieben

100 g gekochter Schinken, fein gewürfelt

100 g Mozzarella-Käse, fein gewürfelt

Weizenmehl zum Bestäuben

1 Eiweiß, leicht verquirlt

15 g trockene Brotkrumen

Olivenöl zum Frittieren

für 12 Reis, Wasser, Steinpilze, 1 Esslöffel Olivenöl, Salz, Pfeffer und Gemüsebrühe in einem fest verschließbaren, Mikrowellen geeigneten Behältnis auf höchster Stufe 18 Minuten kochen. Etwa 5 Minuten stehen lassen, bis das gesamte Wasser aufgesogen ist. Restliches Olivenöl mit Parmesan und Schinken untermischen. Völlig abkühlen lassen.

Aus 2 gehäuften Esslöffeln Risotto einen halben Ball formen. Je 1–2 Teelöffel Mozzarella und Schinken darauf geben und mit weiterem Risotto abdecken. Zu einem Bällchen formen, dieses erst mit Mehl bestäuben, dann in Eiweiß und anschließend in Brotkrumen wälzen – Überschüssiges abklopfen.

Olivenöl in einem Bräter erhitzen, Risottobällchen darin etwa 4 Minuten goldgelb und knusprig frittieren. Auf Küchenpapier abtropfen lassen. (Bällchen in einem auf 200–210 °C (Gas: Stufe 5) vorgeheizten Backofen warm halten, während die restlichen Bällchen frittiert werden. So ist der Mozzarella garantiert geschmolzen.)

Risottobällchen schmecken nicht nur solo himmlisch, auch mit einer "Napolitana-Sauce" sind sie eine Gaumenfreude: Hierfür einige zerdrückte Knoblauchzehen in nativem Olivenöl anbraten, bis sie goldbraun sind und duften. Dann eine Dose Tomatenstücke einrühren, alles zum Kochen bringen, Hitze wieder reduzieren und Sauce 10 Minuten köcheln lassen. Gelegentlich umrühren und nach Wunsch mit Salz, Pfeffer und Basilikum würzen.

Ist das Wetter kalt und ungemütlich, dann schmeckt diese Suppe dampfend heiß besonders gut. In lauen Sommernächten hingegen ist sie auf Zimmertemperatur gekühlt ein wahrer Genuss. Nicht zu vergessen: Eine italienische Suppe wie diese ist erst komplett, wenn dazu bestes Olivenöl gereicht wird.

kichererbsen-nudel-eintopf

portion 4

Eingeweichte Kichererbsen abtropfen lassen, gut abspülen, in einen Topf geben und mit viel frischem Wasser bedecken. Zugedeckt langsam zum Kochen bringen und halb zugedeckt in 1,5–2 Stunden weich kochen. Die Kichererbsen müssen die ganze Zeit unter Wasser sein, bei Bedarf Wasser zugeben.

In der Zwischenzeit Pancetta, Zwiebel, Sellerie, Silberbete, Petersilie und Öl in eine schwere Pfanne geben und unter ständigem Rühren bei mittlerer Hitze etwa 10 Minuten braten, bis das Gemüse weich ist. Knoblauch und evtl. Chiliflocken zugeben und unter Rühren 1 Minute weiter braten. Tomaten zugeben und 5 Minuten köcheln lassen.

Zutaten

500 g getrocknete Kichererbsen, über Nacht eingeweicht oder blitzeingeweicht (siehe Tipp)

60 g Pancetta (milder, italienischer Speck), fein gehackt

1 rote Zwiebel, fein gehackt

1 Stange Staudensellerie, in dünnen Scheiben

4 große Silberbeteblätter, gehackt (einschließlich der Rippen)

1 kleine Hand voll glatte Petersilienzweige, gehackt

2 Esslöffel extra natives Olivenöl

2 Knoblauchzehen, fein gehackt

¼ Teelöffel Chiliflocken (nach Belieben)

3 Eiertomaten, enthäutet, entkernt und grob gehackt

1 mittelgroße Desiree-Kartoffel, geschält und in 1 cm große Würfel geschnitten

125 g kurze, getrocknete Nudeln, z.B. Tubettini

Sobald die Kichererbsen weich sind, wird die Pancetta-Mischung hinzugegeben. Alles offen 1 Stunde weiter kochen – die Kichererbsen sollten stets bedeckt sein.

Zum Schluss Kartoffelwürfel sowie Nudeln zufügen und Eintopf weitere 20 Minuten köcheln, bis beides gar ist. Sofort servieren und dazu Olivenöl reichen.

Tipp: Zum Blitzeinweichen der getrockneten Kichererbsen werden diese in einen Topf gegeben, der mindestes 5 cm hoch mit ungesalzenem, kaltem Wasser gefüllt ist. Die Erbsen müssen bedeckt sein. Alles zum Kochen bringen, etwa 1–2 Minuten kochen lassen, vom Herd nehmen und zugedeckt 1 Stunde einweichen.

Nächste Seite: Kichererbsen-Nudel-Eintopf

chicoréesuppe, kalbfleischbällchen & pecorino

Ob Chicorée, Radicchio, Endivie oder Escariol – ich liebe sie einfach alle, diese leicht bitteren Salate. Und ganz nebenbei verleihen ihre Bitterstoffe nicht nur faden Gerichten eine interessante Note, die Salatsorten stecken zudem voller Antioxidantien: Das sind Stoffe, die uns vor vielen Krebsarten schützen.

Vorherige Seite: Chicoréesuppe mit Kalbfleischbällchen und Pecorino

portion 6

Zuerst die Kalbfleischbällchen bereiten: Brot in 125 ml Wasser einweichen und ausdrücken, um überschüssiges Wasser zu entfernen. Brot zerkrümeln, mit Kalbfleisch, Zwiebel, Ei, Käse, Petersilie und Zitronenschale vermischen und abschmecken (etwas davon anbraten, um die Würze zu testen). Mit angefeuchteten Händen Masse in walnussgroße Bällchen formen. Öl in einer Bratpfanne erhitzen und Bällchen von allen Seiten goldbraun braten. Zur Seite stellen.

Für die Suppe Öl und Zwiebel in einem großen Topf erhitzen und in 5 Minuten weich dünsten. Die Hälfte des Knoblauchs und den Rosmarin zugeben; unter Rühren 1 Minute mitbraten. Chicorée zufügen, 2 Minuten weiterrühren. Brühe aufgießen, zum Kochen bringen und zugedeckt 10 Minuten simmern lassen. Bohnen zufügen, abdecken, 5 Minuten kochen, Kalbfleischbällchen hineingeben und Chicoréesuppe 5 Minuten weiter köcheln lassen. Restlichen Knoblauch mit Petersilie vermischen und in die Suppe rühren. Sofort in Suppenschälchen servieren; geriebenen Pecorino separat dazu reichen.

Zutaten

2 Esslöffel extra natives Olivenöl

1 große, rote Zwiebel, gehackt

4 Knoblauchzehen, fein gehackt

1 Teelöffel frische Rosmarinnadeln, grob gehackt

750 g Chicorée, gut abgewaschen und abgetropft, in Streifen geschnitten

1 ½ l Hühnerbrühe

650 g gekochte Lima-Bohnen oder 800 g Lima-Bohnen aus der Dose, abgetropft und abgespült

2 Esslöffel glattblättrige Petersilie, gehackt

Pecorino-Käse zum Servieren

Kalbfleischbällchen

2 Scheiben italienisches Brot vom Vortag, ohne Kruste, klein gezupft

500 g Kalbfleischhack

½ kleine Zwiebel, fein gehackt

1 großes Ei, verquirlt

20 g frisch geriebener Pecorino- oder Parmesankäse

1 Esslöffel glattblättrige Petersilie, gehackt

½ Teelöffel Zitronenschale, frisch gerieben

Salz

Schwarzer Pfeffer, frisch gemahlen

2 Esslöffel extra natives Olivenöl

Lange bevor Feigen in den Hängenden Gärten von Babylon populär waren, die Phönizier Handel mit ihnen trieben oder ihre Reste in ägyptischen Grabstätten gefunden wurden, nutzte Adam das Feigenblatt – für einen ganz anderen Zweck. Mittlerweile sind mehr als 750 Feigenarten bekannt, mit einer Vielzahl an Farben, Formen und Größen.

feigenspießchen mit ziegenkäse & prosciutto

Zutaten

250 g weicher Ziegenkäse

1 Teelöffel frische Thymianblättchen, fein gehackt

Salz

Schwarzer Pfeffer, frisch gemahlen

24 frische Feigen

24 dünne Scheiben Prosciutto (gekochter Schinken)

Extra natives Olivenöl zum Bepinseln

portion 6

Holzspießchen 20 Minuten wässern, damit sie beim Grillen nicht verbrennen. In der Zwischenzeit Ziegenkäse mit Thymian in eine Schüssel geben und gut vermischen. Vorsichtig abschmecken und Salz nur bei Bedarf zugeben. In jede Feige einen Schlitz schneiden und mit einem kleinen Löffel die Käsemasse einfüllen.

Feigen mit Schinken umwickeln und mit den Spießchen durchstechen. Mit Olivenöl bepinseln und leicht würzen.

Spießchen unter dem heißen Grill des Backofens oder auf einem Holzkohlengrill ca. 6 Minuten grillen, bis der Käse schmilzt. Mehrfach umdrehen. Sofort mit knusprigem Brot servieren.

Kaufen Sie für diese Bällchen das beste Brot, das Sie bekommen können. Mit pappigem Schnittbrot läuft diese Leckerei nicht zu ihrer Bestform auf.

parmesan-brot-bällchen mit knoblauchsauce

Es gibt keinen besseren Starter für eine zwanglose Dinner-Party als diese knusprigen, aus Brot und Käse bestehenden Bällchen, serviert mit duftender Knoblauchsauce. Lecker!

Zutaten

1 dicke Scheibe italienisches Brot, z.B. Ciabatta, ohne Kruste

220 g trockene Brotkrumen

4 Eier, verquirlt

1 große Knoblauchzehe, fein gehackt

40 g Parmesankäse, frisch gerieben

2 Esslöffel glattblättrige Petersilie, fein gehackt

Salz, schwarzer Pfeffer, frisch gemahlen

Erdnussöl zum Frittieren

Weizenmehl zum Bestäuben

Knoblauchsauce

10 frische Knoblauchknollen, in Zehen zerteilt

Salz

80 ml extra natives Olivenöl

portion 6

Brot in Wasser einweichen, gründlich ausdrücken und in einer Schüssel mit Brotkrumen, Ei, Knoblauch, Käse und Petersilie vermischen. Gut vermengen und abschmecken. Masse zu 18 Bällchen formen und leicht abflachen.

Öl ca. 5 cm hoch in eine Pfanne geben und auf 180 °C erhitzen. Bällchen leicht im Mehl wenden und portionsweise frittieren, bis sie tief goldgelb sind. Mit einem Schaumlöffel herausheben und auf Küchenpapier abtropfen lassen.

Für die Sauce Knoblauchzehen in eine Schüssel legen und mit kochendem Wasser übergießen. Einige Minuten stehen lassen, abgießen und die papierartigen Häutchen abziehen. Salzwasser zum Kochen bringen, Knoblauch hineingeben, erneut aufkochen und 10 Minuten köcheln, bis der Knoblauch sehr zart ist. Knoblauch abtropfen lassen und zusammen mit dem Öl pürieren; abschmecken. Zum Servieren je drei Bällchen auf einen Teller geben und mit der Knoblauchsauce servieren.

Hier stellt sich ein Blumenkohlgratin der besonderen Art vor. Sein Geheimnis? Zarter, köstlicher Mini-Blumenkohl, eine fantastische Käsesauce und knuspriger Schinken. Wenn Sie die Mengen verdoppeln, wird eine leichte Mahlzeit daraus. LW

gratin mit mini-blumenkohl & prosciutto

Zutaten

4 Mini-Blumenkohlköpfe

Salz

60 g reifer Cheddar-Käse, grob gerieben

125 g Sahne

1 Prise Muskatnuss

Schwarzer Pfeffer, frisch gemahlen

8 dünne Scheiben Prosciutto (gekochter Schinken)

2 Esslöffel frische Korianderblätter (Cilantro), gehackt

portion 4

Grill vorheizen. Blumenkohl über leicht gesalzenem, kochendem Wasser weich dämpfen. In der Zwischenzeit Käse und Sahne in einer Schüssel verrühren und mit Muskat, Salz und Pfeffer abschmecken. Schinken knusprig grillen und auf Küchenpapier abtropfen lassen. Gegarten Blumenkohl dicht an dicht in eine Auflaufform legen und gleichmäßig mit der Käsemischung übergießen. So lange grillen, bis der Käse goldgelb ist und Blasen wirft. Gratin mit Koriander bestreuen und mit knusprigem Schinken servieren.

bäll-
chen

Bällchen finden bei den "Großen" als delikate und ungewöhnliche Beilage Anklang. Ob kugelrund oder knubbelig, Bällchen begeistern nicht zuletzt wegen ihrer "natürlichen" Form. Man denke an die Erdkugel, riesige Wassermelonen, feine Linsen oder gar Senfkörner – eine Form, die bereits Kleinkinder in ihren Bann zieht.

als beilage

Sie werden staunen, was man aus einem einfachen Damper – einem australischen Fladenbrot – alles machen kann: Nehmen Sie einfach dieses Grundrezept und fügen Sie Ihre ganz persönliche Gewürzmischung hinzu! L/M

damper

Zutaten

300 g mit Backpulver versetztes Mehl

½ Teelöffel Salz

1½ Esslöffel gutes Olivenöl

125 ml Milch

125 ml Bier

Mehl zum Bestäuben

Fett für das Blech

Milch und Butter zum Bestreichen

Mögliche Zutaten

Rosinen

frisch geriebener Ingwer

gehackte Zwiebeln

geriebener Käse

gehackte Kräuter

für 10-12

Backofen auf 220–230° C (Gas: Stufe 6) vorheizen. Alle Zutaten in einer Schüssel mit einem Holzlöffel verrühren. Der Teig sollte relativ klebrig sein. Teig so belassen oder nach Belieben weitere Zutaten untermischen.

Mit bemehlten Händen Mischung zu 10–12 gleich großen Bällchen formen und rollen, dann auf ein leicht gefettetes Backblech geben. In jede Oberseite ein Kreuz einschneiden.

Damper in den heißen Backofen stellen und nach etwa 10 Minuten, wenn sie sich ein wenig "gesetzt" haben, die Oberseite mit etwas Milch bestreichen – so entsteht eine schöne Kruste mit brauner Färbung. Weitere 10 Minuten backen, bis die Damper braun sind. Mit viel Butter reichen.

Es gibt nichts, was ich an einem grauen Nachmittag am Wochenende mehr liebe: Schürze anziehen, gute Musik auflegen, eine ganze Palette Gewürze und Kräuter herausholen und einige Currys herstellen. So füllen mein Mann und ich den Gefrierschrank auf (er hat sein Lieblings-Currygericht) und verbringen eine herrliche Zeit in unserer neuen Küche. LW

kartoffeln mit indischen gewürzen

portion 4

Backofen auf 150 °C (Gas: Stufe 2) vorheizen. In einer Bratpfanne Mandeln, Pfefferkörner, Koriandersamen, Kreuzkümmelsamen, Mohnsamen, Kardamomsamen, Nelken und Kokosnuss nacheinander bei schwacher Hitze anrösten, bis sie duften; dabei die Pfanne häufig schütteln. Alles in den Mörser oder eine Küchenmaschine geben, Muskatnuss hinzufügen und Mischung pulverisieren. Knoblauch, Ingwer, Cayenne, Kurkuma, Zwiebel sowie 60 ml Wasser zugeben und zu einer Paste vermahlen.

Zutaten

16 geschälte Mandeln

8 schwarze Pfefferkörner

2 Teelöffel Koriandersamen

1 Teelöffel Kreuzkümmelsamen

1 Teelöffel Mohnsamen

6 Kardamomkapseln, Samen herausgelöst

4 Gewürznelken

2 Esslöffel ungesüßte, getrocknete Kokosnuss

1 Prise Muskatnuss

8 Knoblauchzehen

1 Esslöffel Ingwer, frisch gehackt

½ Teelöffel Cayennepfeffer

½ Teelöffel Kurkuma

1 mittelgroße Zwiebel, gehackt

60 ml Erdnussöl

500 g kleine, neue Kartoffeln, geschält

60 ml Naturjoghurt

Korianderzweige zum Servieren

Damit sich das Aroma der Gewürze optimal entfaltet, in einer trockenen Pfanne rösten, bis sie duften. Vorsicht: nicht anbrennen lassen!

Öl in einem schweren Topf erhitzen, Kartoffeln hineingeben und goldbraun braten. Mit einem Pfannenheber herausnehmen und zur Seite stellen. Gewürzmischung in die Kasserolle geben und unter stetigem Rühren anbraten, bis sie braun wird. Auf niedriger Hitze nach und nach den Joghurt einrühren. Kartoffeln zugeben und mit Wasser gerade bedecken. Gut vermischen, abdecken und etwa 20–30 Minuten garen, bis die Kartoffeln weich sind. Mit darüber gestreuten Korianderzweigen servieren.

Richtig zubereitet gibt es einfach nichts Besseres als cremiges Kartoffelpüree. Es schmeckt als kleines Hauptgericht oder auch als Beilage. Tipp: Wenn Sie keine Bällchen formen wollen, machen Sie das Püree mit zusätzlicher Milch und Butter weicher und geschmeidiger. L/M

kartoffelbällchen

Zutaten

1 kg mittelgroße Kartoffeln, z.B. Spunta

1 Knoblauchzehe, geschält

160 ml Milch

125 g Butter, gewürfelt, zimmerwarm

Salz,

Schwarzer Pfeffer, frisch gemahlen

für 10-12

Ungeschälte Kartoffeln waschen, in einen Kochtopf geben und mit kaltem Wasser bedecken (im Ganzen kochen, damit sie sich nicht vollsaugen und Vitamine und Mineralien erhalten bleiben). Zum Kochen bringen. Auf mittlere Hitze zurückschalten und ohne Deckel 30 Minuten sehr weich kochen. Gegen Ende der Garzeit mit Gabel oder Zahnstocher prüfen, ob die Kartoffeln weich sein.

In der Zwischenzeit Knoblauch mit einem Messerrücken auf einem Hackbrett zerdrücken. Milch und zerdrückten Knoblauch in einen kleinen Kochtopf geben, langsam bis kurz unter den Siedepunkt erhitzen (alternativ in der

Mikrowelle in einem Kännchen erwärmen). Kartoffeln abgießen und in den beiseite gestellten Topf zum Trocknen und leichten Abkühlen zurückgeben. Kartoffeln mit den Fingern oder der Spitze eines kleinen Gemüsemessers pellen. Mit der gewürfelten Butter, dem Salz und Pfeffer zerdrücken, bis eine glatte Masse entsteht. Die Hälfte der erwärmten Milch zugeben. Erneut zerdrücken und portionsweise Milch einarbeiten. Masse mit einer Gabel oder einem Holzlöffel kräftig schlagen, bis die Milch vollständig untergerührt und alles glatt und weich ist. Kartoffelpüree nach Belieben würzen. Eisportionierer zum Formen der Kartoffelbällchen verwenden. Bällchen sofort servieren.

varianten

•Kräuter-Püree: 100 g Tasse gehackte, frische Kräuter, z.B. Petersilie, Basilikum, Thymian, Schnittlauch, zusammen mit der Milch zugeben.

•Oliven-Püree: Milch und Butter durch 160 ml extra natives Olivenöl ersetzen und 90 g entsteinte schwarze Oliven, in Scheiben geschnitten, in das fertige Püree einrühren.

•Safran-Püree: Beim Erhitzen der Milch ½ Teelöffel Safranfäden anstatt des Knoblauchs zugeben.

•Sättigendes Püree: Milch durch 150 g Sahne ersetzen und eine Prise frisch geriebene Muskatnuss zugeben.

•Leichtes Püree: Milch durch 150 g zimmerwarmen Naturjoghurt oder Buttermilch ersetzen.

•Fettarmes Püree: 200 ml entrahmte Milch anstatt der Milch und Butter verwenden und am Ende, beim Einarbeiten der Milch, 2 Esslöffel gehackten, frischen Schnittlauch zugeben.

rosmarinkartoffeln in pergament

Wählen Sie für dieses Gericht Kartoffeln nach dem Motto: die kleinsten sind die besten. Nehmen Sie nur größere Exemplare, schneiden Sie sie in mundgerechte Würfel. Für spezielle Anlässe schnitze ich aus großen Kartoffeln oder anderen Gemüsesorten wie Möhren mit einem Messer ovale Formen heraus – das dauert allerdings sehr lange. LW

Zutaten

500 g kleine, neue Kartoffeln
einige Zweige frischer Rosmarin
einige Knoblauchzehen, geschält
2 Esslöffel extra natives Olivenöl
Salz
Schwarzer Pfeffer, frisch gemahlen

portion 4

Ofen auf 200–210 °C (Gas: Stufe 5) vorheizen. Aus Backpapier einen Kreis von 30 cm Durchmesser ausschneiden, in der Mitte falten und auf ein Backblech legen. Kartoffeln auf die eine Hälfte geben und mit Rosmarin, Knoblauch, Öl und Salz bestreuen. Die andere Hälfte des Papiers darüber klappen und gut verschließen, indem die Ränder umgefaltet werden. Das Paket 30 Minuten backen, bis es sich aufbläht und die Kartoffeln gar sind. Kartoffelpaket erst am Tisch öffnen, damit der Duft besonders zur Geltung kommt. Tipp: Für Einzelportionen Kreise von 20 cm Durchmesser ausschneiden und wie oben weiterverfahren.

Als ich noch im "Catering" arbeitete, war diese erfrischende Leckerei sehr gefragt. L/M

cocktailtomaten in balsamessig

Zutaten

250 g Cocktailtomaten
1–2 Esslöffel Balsamessig
¼ Bund Basilikum

portion 6-8

Cocktailtomaten waschen und in eine Schüssel geben. Balsamessig darüber träufeln. Unmittelbar vor dem Servieren Basilikumblätter abzupfen und darüber streuen.

gebackene rote-bete-rübchen

Neben den herkömmlichen roten Rübchen können Sie auch winzige, goldene Rote-Bete-Rübchen verwenden – ein wahrer Augenschmaus. L/M

Zutaten

1 Bund Mini-Rübchen
½ Bund frischer Oregano oder Thymian
4 Knoblauchzehen, fein gehackt
125 ml extra natives Olivenöl
2 Esslöffel Rotwein oder Balsamessig
Saft von 1 Zitrone
2 Teelöffel Meersalz
Schwarzer Pfeffer, frisch gemahlen

portion 4

Ofen auf 200–210 °C (Gas: Stufe 5) vorheizen. Die Blätter der Roten Bete bis auf einen 5 cm langen Stielansatz abschneiden. Rübchen waschen, trocknen und in eine Auflaufform legen. Restliche Zutaten vermischen und über die Rübchen gießen.
10–15 Minuten backen, Rübchen anschließend weitere 10–15 Minuten im ausgeschalteten Ofen ruhen lassen – bis sie gar, aber nicht verbrannt sind.

bäll-
chen

Auch Hauptgerichte können in appetitlichen kleinen Portionen serviert werden. Mini-Fleischbällchen auf einem Reis- oder Gemüsebett haben mehr Charme als ein rasiermesserdünnes Schnitzel. Und wen beim Fischessen die Gräten stören, kann zu den hübsch aufgeplusterten Tintenfischen greifen.

als haupt-gericht

Leichte Hühnerfleischbällchen machen sowohl als Vorspeise, Hauptgericht als auch als Fingerfood eine gute Figur. Solo schmecken sie fantastisch, aber auch mit einer Tomatensauce plus frisch gehacktem Knoblauch, Koriander und einem Schuss extra nativem Olivenöl. L/M

hühnchenkufta

Zutaten

¼ Bund glattblättrige Petersilie

¼ Bund Koriander (Cilantro)

4 dicke Scheiben trockenes Weißbrot ohne Rinde

75 g geschälte, ungesalzene, geröstete Pistazien

2 Teelöffel, gemahlene Kreuzkümmelsamen

¼ Teelöffel Chiliflocken

Saft von 1 Zitrone

1 doppelte Hühnerbrust, 470 g, grob gehackt

90 g Sesamsamen oder Couscous

1–2 Esslöffel Olivenöl zum Anbraten

für 30

In der Küchenmaschine zunächst die Kräuter hacken, dann Brot zufügen. Sobald sich feine Krumen bilden, Pistazien zugeben und im Pulstakt grob hacken. Gewürze, Zitronensaft sowie gehackte Hühnerbrust zugeben und vermengen. Abschmecken und, falls nötig, erneut mischen.

Mit angefeuchteten Händen aus der Masse walnussgroße Bällchen formen. In Sesamsamen oder Couscous wälzen und 30 Minuten in den Kühlschrank stellen.

Olivenöl erhitzen und Bällchen unter häufigem Wenden in der Pfanne 3–4 Minuten oder länger gleichmäßig goldbraun anbraten. Auf Küchenpapier abtropfen lassen und warm mit Jogurtsauce (Rezept siehe S. 102) oder Tomatensauce und Couscous servieren.

löwenkopf mit kohlmähne

Schauen Sie sich das Bild auf der nächsten Seite einmal genau an: Erkennen Sie den Löwenkopf mit seiner zottigen Mähne aus Kohl? L/M

Zutaten

2 Scheiben Ingwer

2 Frühlingszwiebeln

1 abgeriebene Schale von 1/2 Orange

500 g gehacktes mageres Schwein

1 Prise Salz

1 Teelöffel Sesamöl

1 Teelöffel Reiswein oder trockener Sherry

schwarzer Pfeffer, frisch gemahlen

1 Esslöffel Maismehl

60 ml Erdnussöl

375 ml Hühnerbrühe

1 Esslöffel helle Sojasauce

4 kleine Pak-Choi Kohlpflanzen (Chinesischer Weißkohl)

portion 2-4

Ingwer und Frühlingszwiebeln in einer Küchenmaschine hacken. Orangenschale, Schweinehack, Salz, Sesamöl, Reiswein und Pfeffer zufügen und zu einer glatten Masse verarbeiten. Zu vier Bällchen formen und in Maismehl wälzen.

Öl in einer mittleren bis großen Bratpfanne stark erhitzen und Fleischbällchen dann rundum anbraten. Brühe und Sojasauce zugeben, Temperatur herunterschalten und 30 Minuten köcheln lassen.

In der Zwischenzeit Pak-Choi-Kohl gut waschen und Blätter abzupfen. Jedes Blatt halbieren.

Kohl zu den Bällchen geben und bei mittlerer Hitze 10 Minuten weiter kochen, dabei den Kohl gelegentlich wenden. Mit Dämpfreis oder Eiernudeln servieren.

Was für prächtige Bällchen! Um ihren Charme voll ausspielen zu können, dürfen sie nicht zu lange schmoren – sonst werden sie zäh und ledrig.

gebackene babycalamares mit knoblauch

für 4

Calamares säubern, indem die Tentakel herausgezogen, der harte Schulp in der Mitte entfernt und der Kopf unter den Augen abgeschnitten wird. An den Lappen ziehen, die Haut abziehen und den Körper innen und außen gut abspülen. Das schaumige Innere und Fremdkörper entfernen. Calamares beiseite stellen.

Backofen auf 220–230 °C (Gas: Stufe 6) vorheizen. 60 ml Öl in einer Bratpfanne erhitzen, Knoblauch und Chili zufügen. Unter gelegentlichem Umrühren bei sehr schwacher Hitze etwa 10 Minuten braten, bis der Knoblauch weich ist. Wein einrühren und 1 Minute weiter kochen. Abschmecken und etwas abkühlen lassen. Knoblauch und Chili in die Calamares füllen und zusammen mit der Flüssigkeit in eine Schüssel geben. Die Calamares auf ein Backblech legen, Tomaten locker dazwischen stecken und alles 10–15 Minuten backen, bis die Calamares gar und aufgebläht sind.

In der Zwischenzeit Essig und Öl in einer Schüssel verquirlen. Rucola-Salat putzen und mit Dressing überziehen. Salat auf Tellern anrichten, Calamares und Tomaten darauf legen. Mit restlicher Sauce begießen und mit Petersilie bestreuen. Dazu schmeckt knuspriges Brot.

Zutaten

20 Babycalamares, Körper nicht länger als 10 cm

13 große Knoblauchzehen, grob gehackt

1 scharfe, rote Chilischote, fein gehackt

60 ml extra natives Olivenöl und zusätzlich 3 Esslöffel für das Dressing

2 Esslöffel trockener Weißwein

Salz

Schwarzer Pfeffer, frisch gemahlen

1 Körbchen Kirschtomaten

1 Teelöffel Balsamessig

1 Bund Rucola-Salat

2 Esslöffel glattblättrige Petersilie, gehackt

curry mit fleischbällchen

Das ist das Praktische an einem Curry: Es lässt sich sehr gut aufwärmen und schmeckt am nächsten Tag sogar noch besser. Das gehackte Lamm kann hier gut durch Rind-, Schweine- oder Kalbfleisch ersetzt werden. L/M

Zutaten

750 g gehacktes Lammfleisch

2 Teelöffel Garam Masala

2 Teelöffel Koriander, gemahlen

2 Teelöffel Kreuzkümmel, gemahlen

¼ Teelöffel Chilipulver oder Cayennepfeffer

Salz

1 Esslöffel Pflanzenöl oder extra natives Olivenöl

1 Zimtstange, 8 cm lang

6 Kardamomkapseln, zerdrückt

1 Lorbeerblatt

3 ganze Gewürznelken

5 cm langes Stück Ingwer, frisch gerieben

425 g passierte Tomaten aus der Dose

125 g Naturjoghurt

Pfeffer

2 Esslöffel Koriander (Cilantro), frisch gehackt (nach Belieben)

portion 4

Lammhack, Garam Masala, Koriander, Kreuzkümmel, Chilipulver und 1 Prise Salz mit den Händen verkneten. Zu 16 golfballgroßen Bällchen formen. Öl in einer flachen, schweren Bratpfanne erhitzen und Zimtstange, Kardamom, Lorbeerblatt und Nelken 1–2 Minuten darin anrösten. Hackbällchen zufügen. Die Pfanne oft schwenken, um die Bällchen von allen Seiten anzubräunen. Überschüssiges Öl abgießen. Ingwer zugeben und einige Sekunden mitbraten, dann passierte Tomaten zugießen. Hitze verringern, Pfanne abdecken und Fleischbällchen 20 Minuten gar kochen. Dabei ein- bis zweimal die Sauce durchrühren. Jogurt mit einer Gabel oder einem Schneebesen aufschlagen und in die Sauce rühren. 1–2 Minuten weiter köcheln. Abschmecken und eventuell nachwürzen. Mit Koriander bestreuen und mit Basmatireis und Spinat servieren.

Das Aroma von Zitronensaft ist wie ein gutes Parfüm. Ein kleines Tröpfchen hier und da bewirkt fast immer Wunder.

Diese kleinen Fleischhappen sind zu "Würstchen" geformt. Inspiriert ist das Rezept von einem Gericht, das auf der Insel Zypern in vielen Tavernen angeboten wird.

schweinewürstchen mit zitrone

für 4-6

Schweinefleisch, Zwiebel, Knoblauch, Petersilie, Zimt und Zitronensaft in einer Schüssel vermischen. Abschmecken und gut durchkneten (ein kleines Stück zum Überprüfen der Würze braten). Aus der Masse ovale Würstchen formen. Für 30 Minuten in den Kühlschrank stellen, damit der Teig fester wird.

Die Würstchen auf Holzkohle grillen, bis sie außen gebräunt sind. Sie können sie aber auch in der Pfanne in wenig Öl braten. Fertige Würstchen auf eine vorgewärmte Platte legen, restlichen Zitronensaft darüber gießen und mit Zitronenspalten servieren.

Zutaten

500 g Schweinefilet, gehackt

1 kleine Zwiebel, fein gehackt

2 Knoblauchzehen, fein gehackt

2 Esslöffel Petersilie, gehackt

1 Teelöffel Zimt, gemahlen

Saft von ½ Zitrone

Salz

Schwarzer Pfeffer, frisch gemahlen

Zitronenspalten zum Servieren

Bällchen in letzter Minute: Im Voraus zubereitet und kurz vor dem Servieren gedämpft – das ist mehr als praktisch. Und: Hier fängt der Spinat die köstlichen Säfte auf. L/M

gedämpfte fleischbällchen auf spinat

Zutaten

2 Knoblauchzehen, geschält

2 Frühlingszwiebeln, in Ringe geschnitten

1 Teelöffel abgeriebene Zitronenschale

500 g Lamm- oder Rinderfleisch, gehackt

½ Teelöffel Salz

Pfeffer, zum Abschmecken

2 Teelöffel Sesamöl

1 Esslöffel Pflanzenöl (bei Bedarf, wenn das Hackfleisch sehr mager ist)

1 Esslöffel Sojasauce

1 Teelöffel Natron

½ Bund Spinat

Scharfer Senf zum Servieren

für 28

Knoblauch und Frühlingszwiebeln in der Küchenmaschine hacken. Restliche Zutaten – bis auf Spinat und Senf – zugeben und zu einer glatten, klebrigen Masse verarbeiten.

Spinat waschen und auf ein oder zwei hitzebeständigen Tellern auslegen, die in einen Dämpfer passen (ich benutze chinesische Bambusdämpfer, die in einen Kochtopf gestapelt werden).

Mit angefeuchteten Händen die Fleischmasse zu knapp walnussgroßen Bällchen rollen und nicht zu dicht nebeneinander auf die Spinatblätter legen. Teller in den Dämpfer geben, zudecken und 10 Minuten lang dämpfen. Mit scharfem Senf servieren.

Israelisches Couscous ist viel größer als das marokkanische: Das Korn ist fast so groß wie eine kleine Erbse. Sie bekommen es in Orient- oder Delikatessengeschäften.

israelischer couscous-meeresfrüchte-salat mit zitrone & basilikum

portion 4

Muscheln waschen, noch feucht in einen Topf geben, zudecken, stark erhitzen und Topf häufig schütteln. Nach etwa 5 Minuten sind die Muscheln geöffnet. Nicht geöffnete Muscheln wegwerfen, die restlichen aus ihrer Schale lösen und in eine Schüssel geben. In einer Bratpfanne 1 Esslöffel Olivenöl erhitzen. Sobald es heiß ist, aber noch nicht raucht, Calamares und Garnelen hineingeben. Etwa 2 Minuten lang unter ständigem Rühren braten, bis die Calamares durchscheinend geworden sind und die Garnelen ihre Farbe verändert haben. Meeresfrüchte zusammen mit Knoblauch, Tomaten, Oliven, dem zusätzlichen Öl, Zitronensaft und Basilikum zu den Muscheln geben und abschmecken. Gut umrühren, abdecken und etwa 1 Stunde lang marinieren. In der Zwischenzeit das Couscous nach Packungsanweisung kochen. Abtropfen lassen und abkühlen lassen. Vorsichtig mit den Meeresfrüchten vermengen und sofort servieren.

Zutaten

1 kg Miesmuscheln, geputzt, Bärte entfernt

1 Esslöffel extra natives Olivenöl und zusätzlich 60 ml

500 g Calamares, geputzt (siehe S. 87), Tuben und Tentakel in Ringe geschnitten

500 g rohe Garnelen, ohne Schale, ohne Darm

1 große Knoblauchzehe, fein gehackt

2 große, reife Tomaten, geschält und in mundgerechte Spalten geschnitten

200 g schwarze Oliven

Saft von 2 Zitronen

1 Bund Basilikum, nur die Blätter

Salz

Schwarzer Pfeffer, frisch gemahlen

400 g israelisches Couscous

Lammhirn ist eine preiswerte und köstlich zarte Spezialität. Kaufen können Sie es gefroren, meist im Sechser-Pack beim Metzger. Lammhirn nimmt sehr leicht alle möglichen Aromen an – wie auch die hier beschriebene Sojasaucen-Marinade.

lammhirn mit kräuterkruste

Jedes Rezept, das mit Kapern zubereitet wird, kann zusätzlich mit Kapern dekoriert werden. Die kleinen Grünen schmecken aber auch pur.

Zutaten

6 ganze Lammhirne

Salz

1 Ei

2 Esslöffel Milch

1 Esslöffel Petersilie

2 Esslöffel Kapern, gewaschen und abgetrocknet

Schale von 1 Zitrone oder Limone

35 g Brotkrumen

60–80 g Butter zum Braten

Rucolablätter und Zitronenspalten zum Servieren

portion 4

Hirne in leicht gesalzenem, kaltem Wasser 2 Stunden oder über Nacht im Kühlschrank einweichen, damit sich die Haut besser ablösen lässt (ansonsten unter fließendem Wasser abziehen). Vorsichtig die Haut abschälen und besonders an den blutigen Stellen aufpassen. Für 1 weitere Stunde in sauberem, gesalzenen Wasser im Kühlschrank einweichen. Hirne in Salzwasser oder Brühe 5 Minuten pochieren, mit einem Schaumlöffel herausnehmen und auf Küchenpapier legen. Die Konsistenz sollte auf Druck leicht fest sein. Bis zur Weiterverarbeitung abkühlen lassen. (Hirn muss für alle Rezepte so vorbereitet werden.)
Jedes Hirn in zwei Hälften teilen. Ei mit Milch leicht in einer kleinen Schüssel verquirlen und beiseite stellen. Petersilie, Kapern, Zitronenschale und Brotkrumen in der Küchenmaschine auf Größe der Krumen klein hacken. In eine zweite Schüssel geben.
Jedes Hirnstück in die Eimasse tunken und dann in der Paniermasse wälzen. Leicht andrücken, damit die Masse haften bleibt.
Butter in einer großen Pfanne bei starker Hitze schmelzen und die Hirnhälften 3 Minuten beidseitig goldbraun und knusprig braten. Auf Küchenpapier abtropfen lassen. Sofort auf einem Rucola-Bett mit Zitronenspalten servieren.

kartoffel-lachs-puffer

Auch wenn das Gericht ein "Oldie" ist, es schmeckt immer wieder himmlisch! Zitronenschale und Kapern geben den letzten Pfiff. Zu einem besonderen Anlass sollten Sie frischen statt abgepackten Lachs verwenden. L/M

Zutaten

1 Portion Kartoffelpüree, aus 80 g Butter und 100 ml Milch herstellen (siehe S. 74)

220 g roter Lachs aus der Dose, abgetropft, ohne Gräten

2 Esslöffel Kapern, abgespült, abgetropft

Schale von 1 Zitrone, fein gerieben

1 Teelöffel Zitronensaft, frisch gepresst

2 Esslöffel glattblättrige Petersilie, frisch gehackt

70 g Semmelbrösel zum Panieren

60 ml Pflanzenöl zum Frittieren

Kapern zum Garnieren (nach Belieben)

portion 4-6

Kartoffelpüree zubereiten, Lachs, Kapern, Zitronenschale, Zitronensaft und Petersilie hinzufügen. Mit einer Gabel kräftig durchschlagen, bis alles gut vermischt ist.

Semmelbrösel auf einen großen Teller streuen. Mit einem großen Servierlöffel Bällchen der Kartoffelpüreemasse auf die Krumen geben. Die Puffer formen. Die Mischung ist sehr weich und zerbrechlich: Daher vorsichtig in den Krumen wenden und regelmäßig formen. Den Vorgang wiederholen, bis 12 mittelgroße Fischküchlein entstanden sind.

Öl in einer Bratpfanne stark erhitzen und nacheinander je zwei Puffer in 2–3 Minuten zunächst auf einer Unterseite goldgelb braten. Puffer wenden und bei mittlerer Hitze 5 Minuten braten. Die Puffer sollten außen knusprig, innen weich und cremig sein. Nach Belieben mit Kapern garnieren.

Zwiebeln kommen in vielen Formen daher: von kugelrund bis eiförmig. Suchen Sie für dieses fabelhafte Gericht gleichmäßig runde Zwiebeln aus.

Zutaten

10 g getrocknete Steinpilze

4 große Zwiebeln, geschält

Salz

60 g Wiesenchampignons, fein gehackt

1 Esslöffel extra natives Olivenöl, zusätzliches Öl zum Begießen

2 Knoblauchzehen, fein gehackt

250 g einfache, italienische Würstchen (ohne Fenchel), Pelle entfernen

60 g glattblättrige Petersilie, gehackt

Schwarzer Pfeffer, frisch gemahlen

gefüllte zwiebeln mit steinpilzen

portion 4

Backofen auf 200–210 °C (Gas: Stufe 5) vorheizen. Steinpilze in eine Schüssel geben, mit kochendem Wasser übergießen und 20–30 Minuten einweichen.

In der Zwischenzeit die oberen 2 cm der Zwiebeln abschneiden; sie werden nicht weiterverwendet. Zwiebeln in einen Topf mit kochendem, gesalzenem Wasser geben und 15 Minuten köcheln lassen. Abtropfen und abkühlen lassen. Die Zwiebeln bis auf die äußeren 2–3 Schichten aushöhlen. Inneres für eine Suppe oder Pastasauce verwahren. Steinpilze auf Küchenpapier abtropfen lassen und evtl. von Erde befreien. Fein hacken und mit Champignons, Öl und Knoblauch in einer Bratpfanne 5 Minuten leicht andünsten. Dann in einer Schüssel mit Würstchenhack und Petersilie vermengen. Abschmecken, Masse in Zwiebeln füllen, auf ein leicht geöltes Backblech setzen. Gefüllte Zwiebeln 45 Minuten backen, bis sie weich sind. Außenseiten der Zwiebeln während des Backens ab und zu mit Öl bestreichen. Sofort servieren.

Für dieses Ofengericht empfiehlt sich großer Bocconcini-Käse – Mini-Bocconcini sind kostspieliger und müssen genauso klein geschnitten werden wie der große.

überbackene penne mit fleischbällchen & pancetta

Manche Gerichte lassen mich immer an ganz besondere Orte und Zeiten denken. So wie diese herzhafte Pasta aus dem Ofen. Sie erinnert mich an etliche Familienmahlzeiten mit unseren Kindern. Sie ist immer beliebt und tröstet über so manches Teenager-Drama hinweg. Und: Das Gericht lässt sich bequem vorbereiten.

für 6-8

Fleischbällchen etwas kleiner formen als für das Kalbfleischrezept, etwa walnussgroß. Nach Anweisung zubereiten und auf Küchenpapier abtropfen lassen.

Öl, Knoblauch und Pancetta in eine Bratpfanne geben. Bei mittlerer Hitze so lange braten, bis die Pancetta stark Fett ausschwitzt (aber nicht knusprig braten). Tomaten und Petersilie zugeben und bei mittlerer Hitze etwa 20 Minuten köcheln, bis die Sauce andickt.

Backofen auf 200–210 °C (Gas: Stufe 5) vorheizen.

Penne in reichlich kochendem Salzwasser fast al dente kochen. Abgießen und dabei 125 ml des Abgießwassers aufbewahren. Nudeln in einer großen Schüssel mit Tomatensauce, Fleischbällchen, Bocconcini, Ricotta und 4 Esslöffeln Parmesan gut vermischen. Falls nötig, etwas von dem Abtropfwasser zugeben und alles in eine geölte Auflaufform füllen. Mit dem restlichen Käse bestreuen und 20 Minuten backen. Die Oberfläche sollte goldbraun sein, einige angeröstete Spitzchen zeigen und der Käse Blasen werfen.

Zutaten

1 Portion Fleischbällchen (siehe S. 104, Kalbfleisch durch Schweinefleisch ersetzen)

2 Esslöffel extra natives Olivenöl

2 große Knoblauchzehen, fein gehackt

125 g Pancetta (milder, italienischer Speck), gehackt

800 g italienische Tomaten, gehackt, mit Saft, aus der Dose

70 g glattblättrige Petersilie, gehackt

500 g Penne rigate

Salz

250 g Bocconcini-Käse (eine Mozzarella-Art), in erbsengroße Würfel geschnitten

250 g Ricotta

30 g Parmesan, frisch gerieben und zusätzlich 2 Esslöffel

marokkanische lammkufta auf rosmarinspießchen

Zutaten

10 Rosmarinzweige an kräftigen Stängeln (falls erwünscht) oder Bambusspießchen

500 g fein gehacktes Lammfleisch

1 kleine Zwiebel, grob gerieben

2 cm frischer Ingwer, geschält und gerieben

1 Teelöffel Kreuzkümmel, gemahlen

geriebene Schale von 1 Orange

½ Teelöffel Paprikapulver

½ Teelöffel Zimt, gemahlen

½ Teelöffel Kurkuma

1 Prise Chilipulver

1 Esslöffel Petersilie, fein gehackt

1 Esslöffel Koriander (Cilantro), fein gehackt

Salz und Pfeffer zum Abschmecken

1 kleines Ei

Joghurtsauce

190 ml dicker, am besten griechischer Joghurt

1 Esslöffel Koriander (Cilantro), gehackt

1 Esslöffel Minze, gehackt

für 10

Rosmarin- oder Bambusspießchen etwa 1 Stunde in Wasser einweichen, damit sie beim Grillen nicht verbrennen. Alle Zutaten für die Kufta in einer Schüssel mit den Händen gut durchkneten (oder mit einer Küchenmaschine). Masse 1 Stunde im Kühlschrank ruhen lassen, damit sich die Aromen voll entfalten (man kann der Hackmischung auch etwas gekochten Reis zufügen).

Kuftamasse zu sechs Frikadellen formen oder walnussgroße Mengen um die Rosmarinspießchen zusammenpressen, pro Spieß zwei Bällchen. (Als Fingerfood nur kleine Spießchen mit je einem Bällchen verwenden.) Frikadellen bzw. Spießchen 10 Minuten goldbraun grillen oder braten.

In der Zwischenzeit Zutaten für die Sauce vermischen.

Fertige Kufta mit Sauce und nach Packungsanweisung zubereitetem Couscous servieren.

Auf den berühmten marokkanischen Märkten sahen wir Körbe voll mit Gewürzen, die täglich frisch geröstet und gemahlen werden. Zwar sind diese Rosmarinspießchen nicht ganz authentisch, aber dennoch hübsch.

kalbfleischbällchen mit borlotti-bohnen

Hüten Sie dieses Rezept wie Ihren Augapfel! Das Gericht ist nämlich absolut fantastisch: Es passt zu einem Abendessen vor dem Kamin genauso wie zu einem entspannten Essen mit Freunden. Servieren Sie dazu cremiges Kartoffelpüree, weiche Polenta oder gutes, knuspriges Brot.

portion 4

Frisch enthülste Bohnen (oder abgetropfte und abgespülte, getrocknete Bohnen) in einem Topf mit viel Wasser, Rosmarin, zerdrücktem Knoblauch und 1 Esslöffel Öl sehr langsam zum Köcheln bringen. Bohnen 30–50 Minuten weich kochen, dann abgießen. Den Sud nicht mehr verwenden.

Kalbfleisch, Brotkrumen, Zwiebeln, gehackten Knoblauch, Petersilie und Ei in einer Schüssel gut verkneten. Mit angefeuchteten Händen golfballgroßen Bällchen formen. 20 Minuten im Kühlschrank fest werden lassen.

Eine große, gusseiserne oder beschichtete Pfanne bei mittlerer Hitze mit 2 Esslöffeln Öl erwärmen. Bällchen in der heißen Pfanne von allen Seiten braun anbraten. Tomaten und Chili hinzufügen und 20 Minuten weiter köcheln lassen, bis die Sauce leicht dick wird. Sofort servieren.

Tipp: Zum Blitzeinweichen der Bohnen werden diese in einen Topf gegeben und mit ungesalzenem Wasser bedeckt. Alles zum Kochen bringen und 1–2 Minuten köcheln lassen. Abdecken und 1 Stunde stehen lassen. Wasser abgießen und Bohnen abspülen.

Zutaten

500 g frische Borlotti-Bohnen, enthülst, oder 220 g getrocknete Borlotti-Bohnen, über Nacht eingeweicht oder blitzeingeweicht (siehe Tipp)

1 großer Zweig Rosmarin

2 große Knoblauchzehen, mit dem Messerrücken zerdrückt, aber in einem Stück gelassen, und 1 zusätzliche Knoblauchzehe, fein gehackt

1 Esslöffel extra natives Olivenöl, zusätzliches Öl zum Frittieren

375 g Kalbfleisch, gehackt

20 g weiche, frische Brotkrumen, am besten von einem italienischen Brot wie Ciabatta

70 g Zwiebeln, fein gehackt

70 g glattblättrige Petersilie, gehackt

1 Ei

625 g Eiertomaten mit Schale, fein gehackt, oder dieselbe Menge italienische Dosentomaten, gehackt, mit ihrem Saft

¼ Teelöffel Chiliflocken

Nächste Seite: Kalbfleischbällchen mit Borlotti-Bohnen

süßsaure sizilianische fleischbällchen mit safranreis

Es mag verwundern, dass ein so teures Gewürz wie Safran in der Beilage eines bäuerlichen Gerichts mit Fleischbällchen zu finden ist. Doch Sizilien war von je her ein Hauptanbaugebiet für Safran. So berichtete bereits Aristoteles, dass die kostbaren Blüten hier in Wagenladungen abtransportiert wurden, während die gesamte Ernte in anderen Regionen aus einem einzigen Körbchen bestand.

Vorherige Seite: Süßsaure sizilianische Fleischbällchen mit Safranreis

portion 4

Brot in Wasser einweichen, auspressen und in einer Schüssel mit Hackfleisch, Ei, Eigelb, Rosinen, Pinienkernen, Zitronenschale und Zimt vermischen. Masse abschmecken, daraus ein Klümpchen formen und in einer beschichteten Pfanne anbraten, um die Würze zu testen. Aus restlicher Masse mit angefeuchteten Händen golfballgroße Bällchen formen, dabei Pinienkerne gut hineindrücken.

Öl in einer großen, schweren Bratpfanne erhitzen und Bällchen darin von allen Seiten goldbraun und gar braten. Wenn die Pfanne zu klein ist, Bällchen in mehreren Portionen anbraten. Gebratene Fleischbällchen auf einen Teller geben. Essig in die Pfanne gießen und bei starker Hitze aufkochen. Zucker hineinrühren, bis er gelöst ist. Fleischbällchen mit ihrem Saft wieder in die Pfanne geben und bei mittlerer Hitze 2–3 Minuten köcheln. Die Sauce sollte dabei auf etwa. 60 ml eindicken. Heiß mit Safranreis servieren.Safranreis: ¼ Teelöffel Safranfäden in 2 Esslöffel kochendem Wasser 20 Minuten auflösen. 60 ml Öl in einem Topf erhitzen, 4 Kardamomsamen, 4 Gewürznelken und 1 Zimtstange zugeben und unter Rühren 2 Minuten anbraten. Darin eine fein gehackte Zwiebel golden braten. 375 g gewaschenen Basmatireis zugeben und einige Minuten rühren. Mit 750 ml kochendem Wasser aufgießen, 1 Teelöffel Salz sowie Safran mit Einweichflüssigkeit zugeben. Alles gut umrühren und zugedeckt bei schwacher Hitze 20 Minuten kochen. Der Reis sollte weich und die Flüssigkeit aufgesogen sein. Reis mit einer Gabel auflockern und heiß servieren.

Zutaten

1 dicke Scheibe italienisches Brot, z.B. Ciabatta, ohne Rinde

750 g fein gehacktes Fleisch (Kalb, Rind oder Schwein)

1 Ei

1 Eigelb

50 g Rosinen

70 g Pinienkerne

1 Teelöffel Zitronenschale, gerieben

1 Prise Zimt, gemahlen

Salz

Schwarzer Pfeffer, frisch gemahlen

1 Esslöffel extra natives Olivenöl

125 ml Weißweinessig

2 Esslöffel feiner Streuzucker

Safranreis zum Servieren

Ein klassisches Gericht und das größte "Bällchen". Das Hühnchen gart in der Kruste, wird saftig und sehr aromatisch. Verwenden Sie daher ein Hühnchen von ausgesuchter Qualität.

hühnchen in der salzkruste

portion 4

Backofen auf 200–210 °C (Gas: Stufe 5) vorheizen. Für die Kruste wird das Salz mit dem Mehl vermischt, Wasser hinzugefügt und alles zu einer teigigen Masse verknetet. Möglicherweise wird etwas mehr Wasser benötigt (diese Mengen sind für die meisten Küchenmaschinen zu viel). Auf einer leicht bemehlten Oberfläche Salzteig zu einer etwa 8 mm dicken, ovalen Platte ausrollen. Die Hälfte des Rosmarins in die Mitte legen. Hühnchen mit Olivenöl einpinseln und mit Pfeffer würzen. Hühnchen mit der Brust nach unten auf den Teig legen. Äußeren Rand des Teiges mit Milch bepinseln. Restliche Rosmarinzweige auf das Hühnchen legen und Teig darüber zusammenfalten. Alle Nahtstellen sorgfältig mit Milch abdichten. Teigpäckchen umdrehen und mit der Naht nach unten auf ein Backblech legen. Mindestens 1 Stunde backen. Aus dem Ofen nehmen und 15 Minuten ruhen lassen. In der Zwischenzeit für die Sauce den Wein mit der Brühe zum Kochen bringen. Kräftig einkochen lassen, bis die Flüssigkeit auf die Hälfte reduziert ist. Crème fraîche einrühren und Sauce warm stellen. Die Kruste des Hühnchens an der Seite aufschneiden, abheben und Hühnchen herausholen. Kräuter entfernen, Hühnchen tranchieren. Mit Sauce, Bratkartoffeln und grünen Bohnen servieren.

Zutaten

Einige Zweige frischer Rosmarin

1 Hühnchen oder Maishühnchen, ca. 1,5 kg

2 Esslöffel Olivenöl

Schwarzer Pfeffer, frisch gemahlen

1 Esslöffel Milch

Salzkruste

1 kg Kochsalz oder grobes Salz vom Metzger

1 kg Weizenmehl

ca. 800 ml kaltes Wasser

Sauce

500 ml Hühnerbrühe

375 ml trockener Weißwein

2 Esslöffel Crème fraîche

Auf unseren australischen Fischmärkten haben wir die Wahl zwischen schwarzen Miesmuscheln und neuseeländischen grünen Miesmuscheln. Meist wähle ich die schwarzen Miesmuscheln – sie sind zart und haben die ideale Größe. Grüne Muscheln schmecken, vermutlich ähnlich wie Chianti-Wein, am besten an ihrem Herkunftsort.

muschel-kartoffel-eintopf

Zutaten

60 ml extra natives Olivenöl

2 rote Zwiebeln, gehackt

4 große Knoblauchzehen, in dünnen Scheiben

500 g kleine, neue Kartoffeln

3 große, reife Tomaten, enthäutet, entkernt, grob gehackt

½ Teelöffel Chiliflocken (nach Belieben)

2 große Stangen Staudensellerie, in Scheiben

60 g glattblättrige Petersilie, gehackt

250 ml trockener Weißwein

Salz

Schwarzer Pfeffer, frisch gemahlen

1 kg Miesmuscheln, vorher putzen und Bärte entfernen

portion 4

Zwiebeln in Öl in einem großen Topf bei mittlerer Hitze unter Rühren 5 Minuten andünsten. Knoblauch zufügen und 1 Minute rühren. Kartoffeln, Tomaten, Chili, Sellerie und Petersilie hinzugeben und weitere 2–3 Minuten braten. Dabei ständig umrühren. Wein und so viel kaltes Wasser hinzufügen, dass die Masse bedeckt ist; abschmecken. Eintopf zum Kochen bringen und so lange köcheln, bis die Kartoffeln gar sind (20–25 Minuten). Muscheln zufügen, Topf schließen, 5 Minuten bei mittlerer Hitze kochen, bis sich die Muscheln öffnen. Geschlossene Muscheln wegwerfen! Muschel-Kartoffel-Eintopf mit knusprigem Brot servieren.

bäll-
chen

ganz Süß

Süße Bällchen sind der krönende Abschluss jeder Mahlzeit! Sei es ein gemütliches Beisammensein mit Freunden am Küchentisch bei flackerndem Kerzenlicht und der verführerischen Stimme von Billie Holliday oder aber ein Galadinner mit erlesenen Weinen, samtigem Cognac, feinstem Porzellan, großen Leuchtern und einem Kammerorchester, das diskret im Hintergrund spielt.

Für dieses Rezept stand das "MG Garage Restaurant" in Sydney Pate: Dort feierten wir einst den Geburtstag eines begeisterten Feinschmeckers. Am Ende des Essens servierte uns der Restaurant-Chef Janni Kyritis ein mit Granatapfelkernen beladenes Silbertablett und eine eisgekühlte Flasche "Bombay Sapphire Gin". Dazu bestellten wir rubinrotes Grapefruit-Sorbet – der Rest, so sagt man, ist Legende. L M

granatapfelkerne mit geeistem wodka

Zutaten

1 großer, roter Granatapfel, ca. 300 g

Eisgekühlter Gin oder Wodka

portion 4

Granatapfel waschen und etwas herumrollen, damit er weich wird. Mit den Fingern aufbrechen – am besten unter fließendem Wasser, weil es spritzt. Ein Schlag mit dem Messerrücken kann das Lösen der Kerne aus den einzelnen Bruchstücken erleichtern. Alle weißen Hautstückchen sollten dabei entfernt werden. Die Kerne können so, wie sie sind, für den späteren Gebrauch eingefroren werden. Granatapfelkerne schmecken nicht nur über Sorbets gestreut (siehe S. 128), sondern auch mit Gin oder Wodka. Dazu werden die Kerne in ein Martini-Glas gegeben und mit eisgekühltem Gin oder Wodka begossen. Kerne leicht mit der Rückseite eines Löffels andrücken, damit sich die Farbe freisetzt.

Hier wird gefeiert: Scones – ein brötchenartiges Buttergebäck – erleben in angesagten Cafés Australiens gerade ein Comeback. Wer keine original gusseisernen Scones-Förmchen zur Hand hat, nimmt für dieses Rezept ersatzweise Muffin-Förmchen. Für eine salzige Variante kann der Zucker durch 125 g Parmesan ersetzt werden – herrlich zu einem Glas Champagner. L W

gem scones

Zutaten

60 g ungesalzene Butter, zimmerwarm, und 30 g Butter zum Buttern der Backeisen

125 g feiner Streuzucker

2 große Eier

185 g mit Backpulver versetztes Mehl

1 Prise Salz

190 ml Milch

Puderzucker zum Bestäuben (nach Belieben)

für 30

Den Backofen auf 200–210 °C (Gas: Stufe 5) vorheizen. Butter sorgfältig mit Zucker schaumig schlagen, dann die Eier einzeln unterrühren. Jedes Ei muss vollkommen eingearbeitet sein, bevor das nächste hineinkommt. Mehl und Salz vermengen und in drei Portionen abwechselnd mit der Milch in den Teig einarbeiten – dazu einen großen Metalllöffel verwenden. Während der Teigzubereitung zwei Gusseisen-Formen mit je 12 Löchern im Ofen 10 Minuten erhitzen. Die zusätzliche Butter in 24 gleich große Würfel schneiden und je ein Stück in jedes Loch geben. Teigmasse auf maximal ⅔ pro Loch einfüllen. Die Scones 12–15 Minuten goldbraun backen, so dass beim Einstechen mit einem Zahnstocher kein Teig hängen bleibt. Sofort herausnehmen, auf einem Gitter abkühlen lassen. Mit Puderzucker bestäuben.

macadamia-espresso-bällchen

Frisch geröstete und gemahlene Kaffeebohnen garantieren besten Kaffee: Allein der Duft macht schon gute Laune.

Ein Hochgenuss zum Kaffee: Bällchen, die dem Gaumen schmeicheln – und gut aufbewahrt werden könen.

Zutaten

20 g Espresso-Kaffeebohnen
2 Esslöffel Schokoladenstückchen oder -splitter
200 g Weizenmehl
3/4 Teelöffel Backpulver
30 g Butter, in Stücken
110 g feiner Streuzucker
60 g geröstete Macadamia-Nüsse
1 Esslöffel sehr starker Espresso, frisch gebrüht
2 Eiweiß, steif geschlagen

für 32

Backofen auf 180–190 °C (Gas: Stufe 4) vorheizen. Kaffeebohnen und Schokolade in einer Küchenmaschine hacken. Mehl und Backpulver zugeben und vermischen. Butter zufügen und alles im Pulstakt mixen, bis die Mischung die Konsistenz feiner Brotkrümel hat. Zucker und Nüsse zur Mischung in den Mixer geben und wieder im Pulstakt grob hacken. Gebrühten Espresso hineingießen und kurz einarbeiten. Geschlagenes Eiweiß unterheben.

Mit bemehlten Händen Bällchen von 2–3 cm Durchmesser formen und in großzügigem Abstand auf ein mit Backpapier ausgelegtes Backblech legen. Etwa 15–20 Minuten backen. Macadamia-Espresso-Bällchen auf dem Blech abkühlen lassen. In einem luftdichten Behälter aufbewahren.

haselnusskrokant-kekse

Meine Lieblingsnuss? Keine Frage! Die Haselnuss! LW

für 40

Backofen auf 180–190 °C (Gas: Stufe 4) vorheizen. Butter und Zucker im elektrischen Mixer bei mittlerer bis niedriger Stufe schaumig schlagen. Mehl, 80 g Krokant, Salz, Muskatnuss und Vanille zufügen. Mixen, bis die Masse die Konsistenz von groben Krümeln hat. Masse zu 2,5 cm großen Bällchen formen und auf ein mit Backpapier ausgelegtes Backblech legen. Etwa 20 Minuten backen, bis sie goldgelb und fest sind. Noch warm vom Blech nehmen und in dem zusätzlichen Krokant wälzen. Auf einem Gitter ganz auskühlen lassen.

für 320g

Haselnusskrokant: 200 g feinen Streuzucker in einen Topf geben und mit 2 Esslöffel Wasser vermischen. Bei mittlerer Hitze unter ständigem Rühren kochen, bis der Zucker aufgelöst ist. Ist der Siedepunkt erreicht, die Masse ohne umzurühren kochen, bis sie eine dunkelgoldene Farbe hat. 125 g geschälte Haselnüsse einrühren und Krokantmasse gleichmäßig auf ein gefettetes Backblech gießen. Nach dem Erkalten die harte Masse in Stücke brechen und in der Küchenmaschine zermahlen.

Zutaten

155 g ungesalzene Butter, in 1 cm große Stücke geschnitten, kühlschrankkalt

60 g dunkelbrauner Zucker

185 g Weizenmehl

80 g Haselnusskrokant, zusätzlicher Krokant zum Wälzen (Krokant hält sich lange in luftdichten Dosen)

½ Teelöffel Salz

1 Prise Muskatnuss

1 Teelöffel Vanilleessenz

Kaum zu glauben, aber wahr: Windbeutel sind ganz einfach herzustellen – wenn Sie einige Regeln beachten ...

profiteroles

Brandteig

75 g Butter

½ gestrichener Teelöffel Salz

190 ml Wasser

¾ Tasse Weizenmehl

4 große Eier

Butter für das Blech

Schokoladensauce

100 g dunkle Schokolade

30 g Butter

100 ml Wasser

1 Esslöffel Rum, Brandy oder Grand Marnier

Crème Pâtissière (nach Wunsch)

375 ml Milch

1 Prise Salz

1 Vanilleschote

6 Eigelb

110 g Zucker

50 g Weizenmehl

110 g Zucker

50g Mehl

für 30

Backofen auf 200–210 °C (Gas: Stufe 5) vorheizen. Butter in kleine Würfel schneiden und in gesalzenem Wasser bei mittlerer Hitze schmelzen lassen. Dann erst zum Kochen bringen und sofort vom Herd nehmen. Das ganze Mehl unter kräftigem Schlagen mit einem Holzlöffel einrühren, bis der Teig glatt ist, sich vom Topfrand löst und einen Klumpen bildet. Den Teig weitere 30–60 Sekunden auf kleiner Flamme schlagen, damit er trocknet.

Mit einem Holzlöffel 3 Eier einzeln in den Teig schlagen und darauf achten, dass jedes vollkommen eingearbeitet ist, bevor das nächste folgt. Das vierte Ei in eine kleine Schüssel geben und leicht schlagen. Von dieser Masse so viel zum Teig geben, dass er stark glänzend wird und vom Löffel abfällt. (Das ganze Ei muss nicht aufgebraucht werden. Wenn zu viel zugefügt wird, lässt sich der Teig nicht formen, ist es zu wenig, geht er nicht gut auf.)

Mit Hilfe von 2 Teelöffeln kleine Häufchen Teig in großzügigem Abstand auf ein leicht gebuttertes

Backblech geben. Alternativ dazu können Sie den Teig auch mit einer Teigtülle (Spitze 1 cm breit) in 3,5 cm großen Häufchen auf das Backblech spritzen. Etwa 20–25 Minuten backen, bis die Windbeutel fest und gebräunt sind (Brandteig sieht bereits fertig gebacken aus, bevor er es wirklich ist, und muss daher, nachdem er gebräunt ist, weitere 5–10 Minuten "austrocknen". Es entstehen Risse, die ebenfalls braun sein sollten).

Windbeutel auf einem Rost abkühlen lassen. Während sie noch warm sind einritzen, damit die Hitze entweicht und sie nicht weich werden. Nach dem Erkalten in einem luftdichten Behälter aufbewahren. Windbeutel erst 1–2 Stunden vor dem Servieren füllen. Dafür steif geschlagene, mit Zucker und Vanille oder Orangenschale und Cointreau aromatisierte Sahne, Eiscreme oder Crème Pâtissière verwenden.

Crème Pâtissière: Milch mit Salz erhitzen, bis sie beinahe kocht. Vanilleschote in die heiße Milch geben und 10 Minuten ziehen lassen. Eigelb mit Zucker dick und schaumig schlagen und in das Mehl einrühren. Vanilleschote aus der Milch nehmen und diese wieder zum Kochen bringen. In die Eimischung schlagen, alles wieder in den Kochtopf geben und unter Rühren bei schwacher Hitze zum Kochen bringen. 2 Minuten unter Schlagen kochen. Crème vom Herd nehmen und in eine Schüssel füllen. Dicht mit Klarsichtfolie abdecken, damit keine Haut entsteht, oder die Oberfläche mit Butter abreiben. Abkühlen lassen.

Für die Schokoladensauce Schokolade und Butter im Wasserbad bei schwacher Hitze schmelzen, gelegentlich umrühren, nicht kochen lassen. Zuletzt Rum einrühren. (Die Sauce kann im Kühlschrank aufbewahrt werden.)

Zum Servieren Sahne oder Crème Pâtissière in die Windbeutel füllen und mit warmer Schokoladensauce begießen. Sie können die Schokoladensauce auch einfach auf die ungefüllten Windbeutel gießen.

Zutaten

250 g Zucker

500 ml Wasser

1 Vanilleschote, aufgeschlitzt

6 reife Tamarillos

Tamarillos – das sind Früchte mit überraschenden Geschmacksrichtungen: Frisch schmecken sie leicht herb, pochiert entfalten sie ihre Süße.

pochierte tamarillos

portion 6

Zucker in Wasser auflösen und Vanilleschote hinzufügen. In das zugespitzte Ende jeder Tamarillo ein Kreuz schneiden und in den Zuckersirup legen. Sehr langsam bis zum Siedepunkt bringen. Früchte bei sehr schwacher Hitze insgesamt 30 Minuten pochieren. Vom Herd nehmen und Tamarillos im Sirup abkühlen lassen.

Nach Belieben können die Tamarillos geschält und in eine Servierschale gelegt werden. Abgekühlten Sirup darüber gießen. Mit einem Bällchen Vanilleeiscreme servieren. Der rote Pochier-Sirup sieht darüber geträufelt einfach wunderbar aus.

Tipp: Aus pochierten Tamarillos lässt sich auch ein herrliches Sorbet machen. Dazu werden sie mit dem Pochier-Sirup püriert und das Püree eingefroren. Wenn es durchgefroren ist, wird es herausgeholt, in dicke Stücke zerteilt, in der Küchenmaschine glatt gerührt und wieder eingefroren. Jede Tamarillo ergibt mit Pochier-Flüssigkeit etwa 3 Bällchen Sorbet.

Dieses fantastische Rezept stammt von der Catering-Spezialistin Belinda Franks aus Sydney: Zum krönenden Abschluss ihrer legendären Cocktailpartys gehörte dieses Schokoladenfinale.

schokoladen-beignets

Zutaten

125 g Weizenmehl
25 g Kakaopulver
1 Prise Salz
25 g Zucker
1 Ei
125 ml Sekt
25 g geschmolzene Butter
geschmacksneutrales Öl zum Frittieren

Ganache

100 g Sahne
50 g Butter
250 g dunkle, belgische Schokolade, geraspelt

für 25

Zunächst die Ganache bereiten: Sahne erhitzen und über die Butter und Schokolade gießen. Masse in einem Wasserbad (in einem Topf über heißem Wasser) so lange rühren, bis die Schokolade geschmolzen und glatt ist. Abkühlen lassen, mit Klarsichtfolie bedecken und in den Kühlschrank stellen. Wenn die Masse fest ist, mit einem Melonenportionierer (2 cm Durchmesser) zu Bällen formen und einfrieren. Die trockenen Zutaten für die Beignets sieben. Ei und Sekt mit dem Rührbesen unterrühren, bis der Teig glatt ist, dann geschmolzene Butter einarbeiten. Der Teig sollte ziemlich dick sein. Lieber mit etwas zu festem Teig beginnen und später, wenn nötig, etwas Sekt zufügen. Teig nicht in den Kühlschrank stellen. Öl in einem Bräter erhitzen.

Jeweils ein Bällchen Ganache auf eine Gabel legen und in den Teig tunken. Überschüssiges abschütteln und Bällchen schnell für einige Sekunden in das heiße Öl geben. Der Teig sollte knusprig sein und die Schokolade im Inneren gerade anfangen zu schmelzen.

So schmeckt der Sommer: mit frischen Früchten, deren Aromen in einem kühlen, erfrischenden Sorbet eingefangen werden. Und der Clou: Sorbets werden ganz einfach und ohne besondere Geräte hergestellt. Vor dem Einfrieren kann die Mischung noch ein wenig süß schmecken, aber kalt ist sie genau richtig. Übrigens: Bunte Sorbets bringen Farbe in den Nachtisch.

sorbets

Zutaten

200 g Zucker

250 ml Wasser

190 ml Limonensaft (etwa 6 Limonen)

Schale von 1 Limone

portion 8

Zucker und Wasser in einen kleinen Kochtopf geben. Aufkochen und so lange umrühren, bis der Zucker gelöst ist. 5 Minuten köcheln lassen – der Sirup sollte klar sein. Abkühlen lassen.

Für Sorbets aus Zitrusfrüchten verwendet man Saft und Schale. Dennoch ist die Methode mit allen Früchten möglich – diejenigen, die nicht ausgepresst werden, können frisch püriert und auf dieselbe Weise dem Zuckersirup zugegeben werden (siehe Varianten unten). Limonensaft und Limonenschale in den abgekühlten Sirup geben. Abdecken und einfrieren (am besten über Nacht). Währenddessen zwei- bis dreimal mit einer Gabel durchrühren, vor allem an den Rändern, wo das Sorbet zuerst anfriert. Alternativ kann der gefrorene Eisblock in Stücke gebrochen und in einer Küchenmaschine weich püriert werden. In einen Behälter geben und bis kurz vor dem Servieren wieder einfrieren.

Sorbet probieren – eventuell muss es im Kühlschrank vor dem Servieren für 30 Minuten etwas weicher werden. Zum Formen des Sorbets dient ein Eisportionierer oder zwei in Wasser getauchte Esslöffel: Häufen Sie etwas Sorbet auf einen Löffel. Benutzen Sie den anderen zum Formen und Glätten und geben Sie die Kugel vorsichtig auf den Teller. Sollten Sie viele Gäste haben, formen Sie die Kugeln zeitig vor dem Servieren und bewahren Sie sie auf mit Folie ausgelegten Tabletts in der Kühltruhe auf. So benötigt man nur wenige Minuten zum Servieren. Mit einem Schuss Wodka oder einem Spritzer Champagner begießen.

varianten

- Orangensorbet: Limonensaft durch Orangensaft ersetzen und nur 185 g Zucker für den Sirup verwenden.
- Sorbet von gemischten Beeren: 2 Körbchen gemischte Beeren grob hacken oder zerdrücken und mit einem Esslöffel Balsamessig über Nacht stehen lassen. Pürieren und abgießen. Den Saft einer Zitrone einrühren und wie oben beschrieben fortfahren.

Steinfrüchte & Co. gehören wie diese pochierten Pfirsiche zu den einfachsten und zugleich besten Desserts. Hier verleiht die zarte Pfirsichhaut dem Pochier-Sirup eine herrliche rosa Färbung, eine Haut, die sich nach dem Kochen übrigens spielend leicht ablösen lässt.

pochierte pfirsiche

Zutaten

220 g Zucker

250 ml Wasser

250 ml Sekt oder Weißwein

4 makellose, ganze Pfirsiche

Crème fraîche zum Servieren

portion 4

Zucker, Wasser und Wein in einen Kochtopf geben und umrühren, um den Zucker aufzulösen. Pfirsiche zufügen und langsam zum Kochen bringen. Etwa 15 Minuten – bis die Pfirsiche weich, aber nicht matschig sind – ganz leicht köcheln. In der Flüssigkeit abkühlen lassen. Pfirsiche herausnehmen und Haut abziehen. Pochier-Sirup über die Früchte geben und mit Crème fraîche servieren.

Tipp: Für ein sensationelles Sorbet können Sie die pochierten Pfirsiche mit dem Sirup pürieren. Einfrieren und gefroren in dicke Stücke zerteilen. In der Küchenmaschine weich pürieren. Wieder einfrieren. Jeder Pfirsich ergibt mit dem Sirup etwa 4 Kugeln Sorbet.

Passionsfrucht-küchlein

Die Blüten der Passionsfrucht gaben ihr einst den Namen – sie symbolisieren nämlich die Themen der Kreuzigung: Die drei Narben stehen für die Nägel, die Kronblätter für die Apostel, die Nebenkrone für die Dornenkrone und die Staubblätter für die Wunden Christi. L W

Zutaten

100 g ungesalzene Butter

125 g feiner Streuzucker

1 großes Ei

1 Eigelb

5 große Passionsfrüchte, von Schale befreiter Brei

150 g Weizenmehl, gesiebt

½ Teelöffel Backpulver

¼ Teelöffel Salz

Puderzucker (nach Belieben)

für 24

Ofen auf 180–190 °C (Gas: Stufe 4) vorheizen. Butter mit dem elektrischen Mixer cremig schlagen. Zucker, Ei und Eigelb hinzufügen und schaumig schlagen. Passionsfrucht-Brei mit den Samen einrühren. Mehl mit Backpulver und Salz sieben. Trockene Mischung sehr langsam in die Buttermischung einrühren. Muffin-Förmchen buttern und zu zwei Dritteln mit dem Teig füllen. 15 Minuten goldbraun backen bis die Ränder beginnen, braun zu werden und an einem hineingestochenen Holzstäbchen nichts haften bleibt. Küchlein auf einem Kuchengitter auskühlen lassen und nach Belieben mit Puderzucker bestäuben.

Bällchen mit Jahrmarktstimmung gibt es nicht? Doch! Es sind genau diese verrückten Popcorn-Bällchen am Stiel – beliebt bei kleinen und großen Kindern, auf Gartenpartys und Schulfeten. LW

popcorn-bällchen am stiel

Zutaten

125 g Popcorn zum Selbermachen
500 ml weißer Maissirup
1 knapper Esslöffel weißer Essig
½ Teelöffel Salz
2 Teelöffel Vanilleessenz
Lebensmittelfarbe Ihrer Wahl
Eiscreme-Stiele

für 12

Popcorn nach der Packungsanweisung zubereiten und beiseite stellen. Nicht würzen. Maissirup, Essig und Salz in einen hohen Topf geben. Auf mittlerer Hitze zum Kochen bringen. Vanille und, falls erwünscht, die Lebensmittelfarbe einrühren. Popcorn zugeben und mit zwei großen, eingefetteten Gabeln gut unterrühren.

Wenn die Mischung etwas abgekühlt ist, Hände gut einfetten und aus dem Popcorn Bällchen formen. Einen Eisstiel in jedes Bällchen stecken und auf Backpapier komplett auskühlen lassen.

Traurig, aber wahr? Diese Geschichte zeigt, wie kostbar Zimt im alten Rom war: Kaiserin Poppea wurde – nach ihrem Tod – auf einem Scheiterhaufen aus Zimt verbrannt. Ein später Liebesbeweis ihres Ehemannes Nero, der ihr einen tödlichen Tritt in den Magen gab. L/W

zimtkrapfen

für 75

Butter, Salz und Wasser in einen schweren Topf geben und bei mittlerer Hitze Butter schmelzen. Zum Kochen bringen, Mehl auf einmal zugeben und 1 Minute rühren, bis die Mischung sich von den Wänden löst. Teig in die Schüssel eines elektrischen Mixers geben und etwa 30 Sekunden durchschlagen; die Masse sollte abgekühlt sein. Eier zugeben – jedes Ei gut einarbeiten, bevor das nächste zugefügt wird.

Öl 5 cm hoch in einen Bräter füllen und auf 190 °C erhitzen. Vom Teig je 1 gestrichenen Esslöffel in das Öl geben und portionsweise 5 Minuten frittieren. Mit einem Schaumlöffel auf Küchenpapier geben und 10 Sekunden abtropfen lassen. In einer Mischung aus Zimt und Zucker wälzen. Heiß oder zimmerwarm servieren.

Zutaten

90 g ungesalzene Butter

½ Teelöffel Salz

190 ml Wasser

90 g Weizenmehl, gesiebt

3 große Eier

Erdnussöl zum Frittieren

1 Teelöffel gemahlener Zimt

410 g feiner Streuzucker

Einst legte man in den Kalkhöhlen von Combalou in Frankreich schimmelige Scheiben Roggenbrot neben reifenden Käse: Das gab dem Roquefort seine typische blaue Äderung. Noch heute wird dafür eine ähnliche, modifizierte Technik angewandt.

roquefort-beignets

Zutaten

125 g Weizenmehl

¼ Teelöffel Salz

2 Eier, getrennt

190 ml Milch

1 Teelöffel ungesalzene Butter, geschmolzen

Erdnussöl zum Frittieren

250 g Roquefort-Käse, in 12 Würfel geschnitten

portion 6

Mehl und Salz in einer großen Schüssel mischen, Eigelb und die Hälfte der Milch einrühren und glatt rühren. Übrige Milch und geschmolzene Butter einarbeiten. Abdecken und etwa 30 Minuten stehen lassen. In einer sauberen Schüssel Eiweiß sehr steif schlagen und mit einem großen Metalllöffel unter den Teig heben.

Öl in einer großen Pfanne erhitzen. Einige Käsewürfel in den Teig tauchen und einzeln in das heiße Öl gleiten lassen. Etwa 3–4 Minuten anbraten, bis der Teig goldgelb ist, dann mit einem Schaumlöffel herausnehmen und auf Küchenpapier legen. Warm halten, während die restlichen Beignets angebraten werden. Auf vorgewärmten Tellern mit leicht angedünstetem oder gegrilltem Obst der Saison servieren.

Zutaten

2 große Eiweiß

70 g feiner Streuzucker

60 g Puderzucker

1 Esslöffel Kakaopulver

Leicht wie Luft: Mit diesen süßen Leckerbissen träumt man sich auf eine Wolke. Werden gleich zwei Baisers aufeinandergelegt und mit geschlagener Mascarponecreme gefüllt, kann die Nascherei nicht üppiger sein. L W

schoko-baisers

für 24

Ofen auf 110 °C vorheizen. Eiweiß mit einem elektrischen Rührgerät auf mittlerer Stufe etwa 3 Minuten schlagen, bis sich leichte Hügel bilden. Nach und nach in einem Rinnsal 1 Esslöffel Streuzucker zugeben und 1 weitere Minute schlagen. Auf höchste Stufe schalten und den restlichen Zucker zufügen. Mischung etwa 2 Minuten schlagen, bis sie dick und glänzend wird. Puderzucker zusammen mit Kakao sieben und vorsichtig mit einem großen Metalllöffel unter das Eiweiß heben, bis alles gut vermengt ist. Masse in eine Teigtülle geben und 24 Fladen in 3 cm Abstand auf ein mit Backpapier belegtes Blech spritzen.

Ca. 75 Minuten backen – die Baisers sollten trocken und luftig sein. Ofen abschalten und Baisers weitere 10 Minuten darin ruhen lassen. Auf dem Backblech abkühlen lassen und in einem luftdichten Behältnis aufbewahren.

zitronenpolenta-madeleines

Madeleines mit knuspriger Polenta und dem Geschmack von Zitronen bescheren den Himmel auf Erden! Falls Sie keine Madeleine-Förmchen besitzen, verwenden Sie einfach Muffin-Pfännchen. Tipp: Diese zarten Küchlein schmecken frisch am besten. L/W

für 36

Backofen auf 180–190 °C (Gas: Stufe 4) vorheizen. Mehl, Polenta, Zucker, Zitronenschale, Backpulver, Natron und Salz in einer Schüssel vermengen. In einer zweiten Schüssel Ei, Sahne, Vanille und Butter zu einer feuchten Masse verarbeiten.

Diese Mischung zur trockenen Mischung geben und zu einem Teig kneten.

Gut gebutterte Madeleine-Förmchen bis zur Hälfte mit Teig füllen. Etwa 10–12 Minuten backen, bis die Madeleines goldgelb und duftig sind oder an einem Zahnstocher nichts haften bleibt. Einige Minuten in den Förmchen abkühlen lassen, dann herausnehmen und auf einem Kuchengitter ganz auskühlen lassen.

Zutaten

60 g Weizenmehl

80 g Polenta

100 g feiner Streuzucker

Schalen von 2 Zitronen, frisch gerieben

1 Teelöffel Backpulver

½ Teelöffel Natron

1 Prise Salz

1 großes Ei, verquirlt

90 g Sahne

½ Teelöffel Vanilleessenz

30 g ungesalzene Butter, geschmolzen, zusätzliche Butter zum Einfetten der Förmchen

Das sind die wahren und einzigen Trüffel! Und vergessen Sie nie: Je besser die Qualität der Schokolade, desto besser die Trüffel.

schokoladentrüffel

Zutaten

250 g Sahne (mehr Sahne macht die Trüffel weicher)

2 Esslöffel Espressopulver oder Kaffeelikör, z.B. Tia Maria

300 g dunkle hochwertige Schokolade (keine Blockschokolade), in Stücken, gehackt oder geraspelt

2–3 Esslöffel hochwertiges Kakaopulver

für 26

Sahne zum Kochen bringen und so lange köcheln, bis sie dick wird, Blasen schlägt und auf die Hälfte eingekocht ist. Herd ausstellen, Kaffeepulver oder Likör und Schokolade zur Sahne geben und zu einer glatten Masse verrühren. Im Kühlschrank unter gelegentlichem Umrühren abkühlen lassen, bis die Masse formbar ist. Kakao auf eine Platte streuen, mehrere Teelöffel voll Schokomasse einzeln darauf setzen. Im Pulver wälzen, schnell mit den Handflächen zu Kugeln formen.

gefüllte datteln

Zwar schmecken Datteln auch ungefüllt, doch probieren Sie sie mal mit einer Füllung aus Roquefort.

Zutaten

155 g Roquefort-Käse oder anderer hochwertiger Blauschimmelkäse

2 Esslöffel Portwein

30 frische Datteln mit Kern

für 30

Käse mit einer Gabel zerdrücken und mit Portwein zu einer Creme vermischen. Datteln entkernen und mit der Käsemischung füllen. Bis zum Servieren kühlen.

register

Chicoréesuppe mit Kalbfleischbällchen und Pecorino 60
Cocktailtomaten in Balsamessig 78
Curry mit Fleischbällchen 88

Damper 70
Dalkroketten mit Safran-Aioli 44
Dim Sum 12

Falafel 18
Feigenspießchen mit Ziegenkäse und Prosciutto 62
Fischbällchen mit Zitronengras 25
Frittierte grüne Oliven 17

Garnelen-Quenelles mit Garnelensauce 46
Gebackene Babycalamares mit Knoblauch 86
Gebackene Rote-Bete-Rübchen 78
Gedämpfte Fleischbällchen auf Spinat 90
Gefüllte Datteln 140
Gefüllte Zwiebeln mit Steinpilzen 99
Gem Scones 118
Gewürzte Macadamia-Nüsse 34
Gnocchi mit Petersilien-Pesto und dicken Bohnen 38
Gougère 30
Granatapfelkerne mit geeistem Wodka 116
Gratin mit Mini-Blumenkohl und Prosciutto 66

Haselnusskrokant-Kekse 121
Hühnchen in der Salzkruste 110
Hühnchenkufta 82
Hühnerbrust im Salatmantel 48
Israelischer Couscous-Meeresfrüchte-Salat mit Zitrone und Basilikum 93

Kalbfleischbällchen mit Borlotti-Bohnen 104
Kapern im Biermantel 16
Kartoffelbällchen 74
Kartoffel-Lachs-Puffer 96
Kartoffeln mit indischen Gewürzen 72
Kartoffel-Tunfisch-Frikadellen 26
Kichererbsen-Nudel-Eintopf 56
Kleine runde Sandwiches mit Zwiebeln, Petersilie und Mayonnaise 28
Krabbenküchlein 50

Labna 40
Lachstatar mit Lachskaviar und Zitronengrasmayonnaise 43
Lammhirn mit Kräuterkruste 94
Litschis mit Korianderhuhn-Füllung 22
Löwenkopf mit Kohlmähne 84

Macadamia-Espresso-Bällchen 120
Marokkanisches Lammkufta auf Rosmarinspießchen 102
Mini-Bocconcini mit Prosciutto 10
Meeresfrucht-Nudel-Bällchen 14
Mini-Champignons mit Tempura 27
Muschel-Kartoffel-Eintopf 112

Parmesan-Brot-Bällchen mit Knoblauchsauce 64
Passionsfrucht-Küchlein 132
Pochierte Pfirsiche 130
Pochierte Tamarillos 124
Popcorn-Bällchen am Stiel 134
Profiteroles 122

Ricottabällchen 29
Ricotta-Spinat-Klößchen mit Salbei und Parmesan 52
Risottobällchen oder Arancini 54
Roquefort-Beignets 136
Rosmarinkartoffeln in Pergament 76

Schoko-Baisers 138
Schokoladen-Beignets 126
Schokoladentrüffel 140
Schweinewürstchen mit Zitrone 89
Sorbets 128
Süßsaure sizilianische Fleischbällchen mit Safranreis 108

Tatarbällchen mit Schnittlauch 20

Thailändische Bällchen 32

Überbackene Penne mit Fleischbällchen und Pancetta 100

Wachteleier im Gewürzmantel 19

Zimtkrapfen 135
Zitronenpolenta-Madeleines 139

Titel der englischen Originalausgabe:

Balls: the all-round cookbook

Published in the United Kingdom by New Holland Publishers (UK) Ltd.

Aus dem Englischen von: Nadja Biedinger

Redaktion: Autoren & Management Dr. Andreas Pöllinger, München/Berlin

Satz: Natsumi Komatsu & Ilse Ruppert, Berlin

Umschlaggestaltung: Dorén + Köster, Berlin

Druck und Bindung: Tien Wah Press (Pte) Ltd.,

Singapur

ISBN 3-87584-829-2